# 未成年人不良行为自我预防

张东生　李凤奎——主编

江苏大学出版社
JIANGSU UNIVERSITY PRESS
镇江

**图书在版编目(CIP)数据**

未成年人不良行为自我预防 / 张东生，李凤奎主编
. — 镇江 ：江苏大学出版社，2021.12
ISBN 978-7-5684-1758-7

Ⅰ. ①未… Ⅱ. ①张… ②李… Ⅲ. ①青少年—不良行为—防治 Ⅳ. ①D669.5

中国版本图书馆 CIP 数据核字(2021)第 255969 号

**未成年人不良行为自我预防**
Weichengnianren Buliang Xingwei Ziwo Yufang

---

主　　编/张东生　李凤奎
责任编辑/李菊萍
出版发行/江苏大学出版社
地　　址/江苏省镇江市梦溪园巷 30 号(邮编：212003)
电　　话/0511-84446464(传真)
网　　址/http://press.ujs.edu.cn
排　　版/镇江市江东印刷有限责任公司
印　　刷/江苏扬中印刷有限公司
开　　本/890 mm×1 240 mm　1/32
印　　张/5.125
字　　数/118 千字
版　　次/2021 年 12 月第 1 版
印　　次/2021 年 12 月第 1 次印刷
书　　号/ISBN 978-7-5684-1758-7
定　　价/26.00 元

---

如有印装质量问题请与本社营销部联系(电话：0511-84440882)

## 前言

《未成年人不良行为自我预防》是镇江市润州区人民检察院聚焦未成年人不良行为预防、矫正和修复等难点问题，以 2021 年 6 月《中华人民共和国未成年人保护法》修订实施为契机，以创建“未成年人零犯罪社区”为载体，以检察机关办理未成年人犯罪案件为依托，整合司法、教育等领域专业资源共同研究合作的具体成果，其出版发行也是镇江市 2021 年度法治惠民实事项目的重要举措。

未成年人犯罪，是当今世界各国共同面临的社会难题，有人将其与环境污染、吸毒贩毒并称为“世界三大公害”。未成年人犯罪是其不良行为发展的极端表现形式。预防未成年人犯罪必须从未成年人不良行为的防治抓起。极少数未成年人由于各种主观或客观因素的影响，放松了对自我行为的约束，走上了违法犯罪的道路。从这些未成年人走上违法犯罪道路的过程来看，往往是从第一次撒谎、第一次说脏话、第一次打架、第一次逃学、第一次抽烟、第一次喝酒……慢慢演变为违法犯罪的。未成年人千万不能小看自己的一次很小的过错。古人云："聚少成多，积小致巨"，"为小恶者，如积小以成大；从微至著，为一恶以至于万恶"。

不良行为，是指未成年人实施的不利于其健康成长的下列行为：①吸烟、饮酒；②多次旷课、逃学；③无故夜不归宿、离家出走；④沉迷网络；⑤与社会上具有不良习性的人交往，组织或者参加实施不良行为的团伙；⑥进入法律法规规定未成年人不宜进入的场所；⑦参与赌博、变相赌博，或者参加封建迷信、邪教等活动；⑧阅览、观看或者收听宣扬淫秽、色情、暴力、恐怖、极端等内容的读物、音像制品或者网络信息等；⑨其他不利于未成年人身心健康成长的不良行为。

严重不良行为，是指未成年人实施的有刑法规定、因不满法定刑事责任年龄不予刑事处罚的行为，以及严重危害社会的下列行为：①结伙斗殴，追逐、拦截他人，强拿硬要或者任意损毁、占用公私财物等寻衅滋事行为；②非法携带枪支、弹药或者弩、匕首等国家规定的管制器具；③殴打、辱骂、恐吓，或者故意伤害他人身体；④盗窃、哄抢、抢夺或者故意损毁公私财物；⑤传播淫秽的读物、音像制品或者信息等；⑥卖淫、嫖娼，或者进行淫秽表演；⑦吸食、注射毒品，或者向他人提供毒品；⑧参与赌博赌资较大；⑨其他严重危害社会的行为。

未成年人不良行为自我防治，是未成年人通过自我认识、自我诊断和自我矫治，防范和纠正不良行为的活动。自我认识是指未成年人要充分认识到不良行为不仅会给自己的健康成长和发展蒙上阴影，会让自己的亲人痛心，而且会危害社会，形成大恶甚至“足以乱国”，从而自觉地防微杜渐。自我诊断是指未成年人要经常采用科学的方法判断和评价自己是否存在不良行为，为自我防范和矫正提供依据。自我矫治是指未成年人通过自我诊断发现有不良行为时，主动求助父母、老师和专业人员，并在他们的帮助下，按照一定的科学方法，通过持之以恒的自我约束和纠正，达到纠正不良行为的目的。

本书由江苏省检察业务专家、镇江市润州区人民检察院党组书记、检察长、三级高级检察官张东生，与全国预防未成年人犯罪研究知名专家、司法部中国监狱工作协会理论研究专家、共青团中央中国预防青少年犯罪研究会研究基地负责人、江苏省监狱系统二级高级警长李凤奎在理论和实践探索的基础上，通过对有效个案的选取、不良行为的归纳和分类、预防方法的总结和概括编写而成的学习读本，按照确定预防目标、核心提示辅导、典型案例解读、原因教训分析、预防方法指引等层次逐步展开，以代入式、情景式教育辅导增强未成年人亲历性，是未成年人不良行为自我预防的指导用书。

本书在编写过程中得到镇江市检察院的关心、指导和支持，特别是镇江市人民检察院负责未成年人检察工作的第七检察部参与了图书的内容策划、案例选择和释法说理，进一步提升了本书的法理性和可读性。江苏大学出版社的大力支持，使本书得以顺利出版。此外，在图书的编写过程中，我们参考了不少专家学者和办案一线检察官的理论和实践成果，在此，一并深表感谢!

由于水平有限，加之所收集到的资料有限，本书难免存在这样或那样的问题，请广大读者批评指正。

# 目录

# 第一章

## 守护家园

### ——自我预防之“勇于直面风雨的洗礼”

## 预防目标

学会预防厌学、旷课逃学、夜不归宿、离家出走等不良行为。

## 核心提示

* **厌学**是指学生消极对待学习活动的负面情绪和行为反应模式，主要表现为对学习认识的偏差，情感上消极对待学习和行为上主动远离学习。厌学情绪往往是产生逃学行为的主要原因之一，逃学行为则是厌学情绪的极端表现。

* **旷课逃学**是指学生无故不请假而缺课，属于一般不良行为。在学校校规中，旷课逃学一般属于严重违纪行为。旷课逃学往往导致辍学，并为产生其他不良行为提供可能。多次旷课逃学的学生可能养成习惯性旷课逃学，抵触家庭与学校，进而产生违法犯罪行为。

* **夜不归宿**是指未成年人未经其父母或者其他监护人的同意而在外过夜，脱离监护，夜不归家的行为。未成年人夜不归宿逃避监护，一方面易养成不良习惯和行为；另一方面则容易成为伤害、抢劫等违法犯罪活动的侵害对象。夜不归宿也是《中华人民共和国预防未成年人犯罪法》规定的不良行为之一。

* **离家出走**是指家庭中某一成员（通常指未成年人）与其他家庭成员产生矛盾或因其他原因而离开家的一种行为。出走的未成年人大多因父母望子成龙心切、师生关系紧张或与同学相处不融洽，造成心理上的压抑而弃学离家。专家认为，离家出走极易引发各种不良行为。

家庭是未成年人成长的第一环境和最重要的保护网，也是社会化的第一课堂。学校是未成年人学习知识、掌握技能、学会交往的重要场所，是未成年人成长路上的重要一站。家庭和学校在未成年人成长过程中都扮演着保护者、教导者和管理者的角色。在现实生活中，未成年人所处的家庭和学校，可能因为种种原因，对他们的诉求存在忽视、漠视的情况，或表现出对未成年人有意或无意的伤害，如父母责打子女、老师责骂学生。但是，无论什么时候，家庭和学校都是未成年人真正可以依靠的港湾，是能让未成年人健康成长的沃土。面对来自各方的困扰，未成年人不应该采取逃避的消极态度，而应勇于直面风雨的洗礼，以积极的态度守护自己的精神家园。

## 一、案例解析

### ◎典型案例：我要回家

14 岁的小刚已经在上海流浪一年半了。从 12 岁多那年离开安徽老家，这个身高只有 150 厘米的大眼睛的男孩就再也没有回过自己的家。小刚说这都是被逼的。小时候他和身边的大多数同龄人一样，天真活泼，喜欢游泳、摸鱼、掏鸟蛋以及其他许多与学习无关的事情。进入初中后不久，小刚明显感到升学的压力，且十分不适应，他越来越讨厌读书："在学校要上课、考试……每天放学回家后还要做作业，有时甚至要做到晚上 12 点。"小刚对此无比憎恨，他认为一点儿玩的时间也没有，生活十分枯燥。而每次考试成绩一出，更是让小刚丧失了对学习仅存的那点兴趣。小刚说："我根本不是学习的材料，我爸妈和老师都这么说我。"【厌学】

更令小刚恼火的是，他发现班主任总是和他"过不去"。小刚认为，因为自己有点儿调皮，不爱读书，班主任总是在班上当众点名批评他。有一次，数学老师的钱包不见了，班主任没有认真调查就说是小刚偷的，并且让小刚通知母亲一个星期之内到学校处理这件事情。虽然后来发现，拿老师钱包的不是他，而是同班的另一位同学，但这件事情让小刚感到特别愤懑，之后只要上班主任的课，他就浑身难受、坐立不安。一次，因为某件事，班主任说要开除小刚，他一气之下冲出教室，把所有的书都扔到了河里。从此以后，小刚天天背着书包出门，但再也没有跨进教室，整天就在外面闲逛。在游戏厅和网吧，他觉得自己更快乐、更自在。【旷课逃学】

后来，小刚退了学，但他觉得非常无聊，闷得很。除了哥哥以外，没有人跟他玩。在镇里开杂货店的父母，不让他到小镇的街上去，天天把他关在家里，让他洗碗、扫地，做各种家务。对此，小刚始终无法理解，但他觉得父母这样做肯定不是为了保护他。在他看来，父母从来就对他不好，即使自己生病，父母也不太会管。他说：“我在这个家里根本没有什么地位。没人真正关心我的感受，真的！他们宠的是哥哥。他学习好，每年都拿奖状，又听话。我书读不好，还调皮，当然没有地位。”他甚至怀疑自己并非父母亲生的孩子。为了证明这一点，小刚将自己的两袖卷起，指着手臂上面的诸多疤痕说：“这些都是我爸打出来的。”他还说，妈妈虽然不动手打他，但是也从来不伸出援手保护他。小刚讨厌在家里听妈妈的唠叨、看爸爸的脸色，他喜欢和朋友在一起，有时不想回家，就在朋友家过夜。【夜不归宿】

小刚不清楚父母为什么要那样对他，他无法忍受那种动不动就打的管教方式。所以，当有一天他偷偷跑到街上去玩，遇到一个比他大一点儿的小孩告诉他说“上海好混，赚钱很容易”，并且邀他一起去上海的时候，他毫不犹豫地答应了。“既然学校回不去了，家里也没人喜欢我，倒不如自己到外面闯闯。”【离家出走】

刚到上海的时候，小刚觉得很舒服，无忧无虑、自由自在，身上有钱，想吃什么就吃什么，想要什么也可以去买。可时间一长，他也会想家，哪怕那个家只能给自己遮风挡雨；而现在自己一个人在外面，被人骗了，被人欺负了，连个哭的地方都没有。后来，钱花完了，小刚因为年纪小又没有一技之长，只能在上海街头流浪，靠捡垃圾、卖破烂、乞讨过日子。他的身边也有跟他一样离家出走的同龄人，他们有的是因为父母离异，无人管教；有的是因为父母管教严厉，偷跑出来的；有的是因为不想上学，希望来大城市打工挣钱……小刚跟他们在一起，慢慢沾染上抽烟、偷窃等恶习。一天夜里，小刚在火车站抢劫过路的单身女青年，被巡查民警当场抓获。这时，小刚终于忍不住对民警说："我想回家！" 【违法犯罪】

## | 原因与教训 |

1. 青春懵懂，年少无知。12 岁多的小刚青春年少、懵懂无知，他对自我、对他人、对社会的认识甚至可以说还十分稚嫩，一方面，小刚认识不到"在家百般好"。他虽始终无法理解父母为什么不让他到小镇街上去，而是让他在家干家务，却断然否定父母这样做是为了保护他。小刚偏执地认为自己在家里没地位，甚至怀疑自己不是父母的亲生儿子。另一方面，小刚不知"出门万事难"，他幻想着"上海好混，赚钱很容易"，最终选择了离家出走。小刚错误的认知为其后来走上犯罪的道路埋下了种子。

2. 厌学弃学，自暴自弃。除了家庭和学校的不当管教外，导致小刚出现旷课逃学、夜不归宿、离家出走等不良行为的导火索就是他的厌学情绪。厌学情绪往往是产生逃学行为的主要原因之一，而逃学行为则是厌学情绪的极端表现。调查显示，学业上的受挫经历是导致未成年人与家庭、学校产生摩擦、冲突的主要原因。厌学弃学所带来的负面情绪体验，容易使未成年人自暴自弃。

3. 自我中心，遇事冲动。小刚认为班主任有意针对他，父母不喜欢他，这些认知都建立在“以自我为中心”的基础上。心理认知并不成熟的小刚将一切外界社会反映都和自己幼小的心灵感受联系在一起，并过度放大了这种反映。小刚不能站在父母、老师的立场上考虑问题，总是固执地把别人对自己的态度上升到非黑即白的层面，这本身也是不成熟的表现。面对班主任要开除他的“威胁”，小刚夺门而出，把书全部丢进河里；面对妈妈的唠叨和爸爸的脸色，小刚选择夜不归宿；面对自己感觉并不温暖的家庭，小刚选择了离家出走。这一切行为显然是小刚的抗议之举，但也反映出小刚遇事冲动、不计后果的性格特征。试想，如果小刚能合理调节自己的情绪，冷静地处理这些问题，也许就不会走上离家出走的道路。

4. 逃避责任，坠入险境。每个人都有自己的责任，只是在不同的年龄段承担的责任不同而已。未成年人在校读书有认真学习的责任，要遵守校规校纪，不能旷课、迟到、早退；在家休息有保护自己安全的责任，不能未经父母允许就私自外出，甚至夜不归宿、离家出走。《中华人民共和国预防未成年人犯罪法》第三十四条、三十五条规定："未成年学生旷课、逃学的，学校应当及时联系其父母或者其他监护人，了解有关情况；无正当理由的，学校和未成年学生的父母或者其他监护人应当督促其返校学习。未成年人无故夜不归宿、离家出走的，父母或者其他监护人、所在的寄宿制学校应当及时查找，必要时向公安机关报告。收留夜不归宿、离家出走未成年人的，应当及时联系其父母或者其他监护人、所在学校；无法取得联系的，应当及时向公安机关报告。"可见，旷课逃学、夜不归宿、离家出走等不仅是一种不良行为，更是对自我责任的逃避。面对来自外部环境的不良影响、干扰或侵害，未成年人不能总是选择逃避，应该学会保护自己，自觉守住行为的底线，切忌误入歧途，坠入违法犯罪的险境。

小刚一步步走向违法犯罪有很多原因，其中既有家庭的原因，也有学校的原因，而小刚放任自己的不良行为是主要诱因之一。试想，如果小刚能在厌学的源头就开始自我调整，就不会有后面的事发生。如果小刚在面对家庭、学校的各种问题时能及时沟通、妥善处理，而不是选择逃避、逆反的方式，也就不会出现更为严重的违法犯罪行为。

## 二、预防方法

未成年人预防厌学、旷课逃学、夜不归宿、离家出走等不良行为，可以尝试以下方法。

### （一）学会认知

有调查显示，未成年人违法犯罪前一般都有旷课、辍学的经历。“厌学—逃学—辍学—离家出走—流浪社会—劣迹行为—违法犯罪”被认为是未成年辍学学生的大致行为模式。要有效预防厌学、旷课逃学、夜不归宿、离家出走等不良行为，首先必须认识到这些行为的严重危害性。厌学是导致其他不良行为的重要原因之一，一方面，厌学情绪的放纵会影响未成年人的学业水平和学习兴趣，导致逃学、辍学的现象出现；另一方面，厌学的消极情绪也影响着未成年人的心理健康和人格养成。而旷课逃学、夜不归宿、离家出走会使未成年人脱离正常的家庭监护和学校管理，处于家庭、学校都鞭长莫及的“失保护”状态，极易发生不良社会交往或成为抢劫、勒索、强奸等犯罪活动的侵害对象。小羊离开了羊群也就失去了最大的保护，未成年人应该认识到，学校和家庭才是他们的保护伞。

### （二）学会学习

如何避免厌学情绪对未成年人正常学习生活的影响呢？

首先，未成年人要正确认识学习的意义。学习并不是为了取得好成绩、好分数，而是要通过对基础文化知识的掌握，夯实自己综合能力与素质发展的基石。简单地说，学习是为了自我发展。发展不仅仅是身体长高、体能增强，更是指一个人思维能力、判断能力、发展能力的提升。未成年人尚处于身体、智力等能力的发展期，应该尽可能认真地学习，珍惜机会，促进自我成长。学习首先应该找准方向，方向对了，努力才不会白费。此外，还要掌握高效的学习方法。知识与能力需要通过学习和反复练习才能获得。现在学生的课业负担确实较重，部分基础薄弱的学生难免跟不上老师的教学进度。几次考试成绩不理想后，家长的无形压力和同伴之间的比较，容易使部分未成年人错误地认为自己什么都不如别人，从而产生消极气馁的情绪。未成年人应该认识到，努力固然重要，它不仅关系到知识的掌握程度，还反映出一个人的学习态度和精神意志。然而，只有掌握高效的学习方法，才能起到事半功倍的效果；只有勤奋努力且方法科学，才能取得好成绩。

### （三）学会沟通

从深层次来看，厌学、旷课逃学、夜不归宿、离家出走等不良行为，是一种脱离原有社会控制的越轨行为，反映出的是未成年人与家庭、与学校情感纽带作用的减弱。导致这一行为的根本原因是未成年人与社会情感沟通的不畅和失误。未成年人在成长中有自己的情感需求，如渴望被尊重、被理解，渴望了解外面的世界，等等。有些父母十分关心孩子的生活和学习，却忽略了对他们的精神需求的重视。未成年人不能因此产生逆反情绪，采取顶撞等方式让父母“关注”自己，而是应该坦诚自己的需求，向父母说清楚自己的想法，通过民主、平等的对话引起父母的重视并寻求帮助。要学会及时沟通，告诉父母自己在学习、生活中遇到的困难，积极寻求他们的帮助。只有双方真诚沟通，才能消解误会。如一时不能达成共识，也要学会合理表达自己的想法，不能因为感觉父母、老师不关心自己，就旷课逃学。旷课逃学只是在回避问题，不能解决根本问题，要以合情、合理的方式逐步解决问题。

### （四）学会面对

旷课逃学、夜不归宿、离家出走等不良行为的发生往往与未成年人所处的家庭环境息息相关。面对各种家庭问题，未成年人是选择逃避性的离家出走，还是选择勇敢面对，关键在于自己。多数情况下，选择夜不归宿、离家出走的孩子感觉自己的家庭存在问题，希望进入外面的世界，从而摆脱家庭问题的困境。实际上，家庭问题是普遍存在的，“家家有本难念的经”，关键看如何面对和处理。成长在有暴力、忽视、离异、单亲、留守等问题的家庭环境中，未成年人更容易感到无所适从。但家是未成年人成长的屋檐，是未成年人灵魂的港湾，失去家的痛苦远远大于家庭问题带来的困扰。未成年人应该勇敢面对家庭中出现的问题，不能采取夜不归宿、离家出走等消极方式进行对抗，而应认真思考家庭问题的根源和解决方法，协助父母修复自己的家庭存在的裂痕。在部分家庭中，父母由于文化水平和思想意识的局限性，对子女的教育缺乏科学性，存在养而不教、严多爱少的情况。生活在这样的家庭中，未成年人感受较多的是父母的严厉教育，而非言语和行动上的关心，久而久之容易产生亲情隔阂。在这种情况下，未成年人应该学会主动维护家庭关系，理解父母的所思所想，在日常生活中珍视父母的关心，并主动关心父母。勇于付出自己的关爱本身就是一种勇敢，勇于直面风雨的洗礼、守护自己的家园更应是未成年人追求的“海燕精神”。

## 三、阅读思考

### 材料一：童年

《童年》是高尔基的自传体小说，讲述的是作者沉重的童年往事。小说主人公阿廖沙（高尔基的乳名）三岁到十岁这一时期的童年生活，从“我”随母亲投奔外祖父写起，到外祖父叫“我”去“人间”混饭吃结束。外祖父开了家染坊，但随着家业的衰落，他变得吝啬、贪婪、专横、残暴，经常毒打外祖母和孩子们，狠心地剥削手下的工人。有一次阿列克谢依因为染坏了一匹布，竟被他打得昏死过去。幼小的阿廖沙也曾被他用树枝抽得失去知觉。他还暗地里放高利贷，甚至怂恿帮工去偷东西。阿廖沙的两个舅舅也是粗野、自私的市侩，整日为争夺家产争吵斗殴，疯狂虐待自己的妻子。在这样一个弥漫着残暴和仇恨的家庭里，幼小的阿廖沙过早地体会到了人间的痛苦和丑恶。

然而就是在这样一个可怕的环境里，也不乏温暖与光明。这就是以外祖母为代表的另外一些人，另外一种生活。外祖母慈祥善良、聪明能干、热爱生活，对谁都很忍让，有着圣徒一般的宽大胸怀。她如一盏明灯，照亮了阿廖沙敏感而孤独的心，她还经常讲一些怜悯穷人和弱者、歌颂正义和光明的民间故事给阿廖沙听，她对阿廖沙的影响，正像高尔基后来写的那样：“在她没有来之前，我仿佛是躲在黑暗中睡觉，但她一出现，就把我叫醒了，把我领到光明的地方……是她那对世界无私的爱丰富了我，使我充满坚强的力量以应付困苦的生活。”另外，还有乐观淳朴的小茨冈、正直的老工人格里高里、献身于科学的知识分子“好事情”，以及他先后遇到的许许多多的好人……他们都是阿廖沙的良师益友。正是这些平凡、善良的好人哺育了阿廖沙对生活的积极态度和反抗精神，使他在黑暗污浊的环境中仍保持着生活的勇气和信心，并逐渐成长为一个坚强、勇敢、正直和充满爱心的人。

小说是从一个小孩的视角来描述的，这样就给一幕幕悲剧场景蒙上了一层天真烂漫的色彩，读起来令人感到悲哀，但又不过于沉重，使人在黑暗中看到光明，在邪恶中看到善良，在冷酷无情中看到人性的光芒，在悲剧的氛围中感受到人们战胜悲剧命运的巨大力量。

(资料来源于莲山课件 (www.5ykj.com) 经典名著导读之《童年》)

**思考题**

1. 阅读上述材料，说一说高尔基的“童年”生活遇到哪些问题？

2. 你认为是什么使阿廖沙在黑暗污浊的环境中仍保持着生活的勇气和信心？

**材料二：挑战**

2006 年 3 月 24 日《现代快报》刊载了一封挑战书，将一个女儿的愤懑宣泄得淋漓尽致：

张××：

我感谢你生育了我，但我不是你的奴隶，我是一个自由的人。从今天开始，如果你还想要我这个女儿，必须做到如下10条：

1. 不许动我的书包、抽屉；

2. 不许看我的聊天记录、日记；

3. 不许强迫我穿你买的超级难看的衣服；

4. 不许拦截我的电话；

5. 不许当着亲戚朋友的面说我比别的孩子差；

6. 允许我每天晚上有1小时的自由支配时间；

7. 允许我每周日9点起床；

8. 允许我的朋友到家里做客；

9. 允许我听孙燕姿、周杰伦的歌；

10. 允许我反驳你的意见。

如果你做不到其中任何一项，我宁愿露宿街头，去做小偷，也要毫不犹豫地离开这个家，让你永远也找不到我！我说到做到！

**思考题**

1. 上述材料中女儿与母亲之间的矛盾究竟有哪些?

2. 她的处理方式合适吗?你认为她应如何处理?

3. 思考自己所处的环境和面临的问题,试着与父母和老师坦诚沟通并寻求帮助。

**小贴士**

## 应对厌学有九招

第一招:认识和发现你自己

第二招:激发你的学习兴趣

第三招:改变你的学习态度

第四招:提高你的学习效率

第五招:明确你的学习目标

第六招:树立你的学习信心

第七招:制订你的学习计划

第八招:培养你的学习毅力

第九招:建立良好的人际关系

**推荐书目:**

《童年》《我的大学》《在人间》(作者:高尔基)

# 第二章

## 爱财有道

### ——自我预防之“什么才是真正的财富”

## 预防目标

学会预防偷窃、强索、抢劫等不良行为，树立正确的金钱观、价值观、人生观。

## 核心提示

* **偷窃**是指以非法占有为目的，偷偷地或乘人不觉地窃取少量公私财物的违法行为。偷窃属于一般不良行为，多次偷窃属于严重不良行为。偷窃容易发展成为盗窃犯罪，二者的区别只是窃取财物的数量多少和价值不同。无论是偷窃还是盗窃，都不仅会使国家、单位或他人蒙受损失，而且影响当地群众、单位、学校及家庭的正常生活秩序，是较常见的不良行为。

* **强索**是指以非法占有为目的，对被害人实施威胁或要挟，强索公私财物的行为。通常表现为以大欺小、以多欺少、以强凌弱，采取语言威胁或暴力手段，用假借、硬要、明夺、敲诈、劫取等方式，强行向他人索要财物。强索是《中华人民共和国预防未成年人犯罪法》规定的常见不良行为之一，它不仅扰乱社会治安秩序，而且影响学校、社会正常的教育管理。

* **抢劫**是指以非法占有为目的，对公私财物的所有人、保管人、看护人或持有人当场使用暴力、胁迫或其他方法，迫使其立即交出财物或者强行将财物抢走的行为。抢劫过程中常会出现殴打、捆绑、禁闭、伤害，甚至杀害等行为，直接侵犯了他人的财产安全和人身安全。抢劫属于犯罪行为，也是财产型犯罪较为严重的形式。年满十四周岁并具有刑事责任能力的自然人，均能构成该罪的主体。《中华人民共和国刑法》第 17 条规定：“已满十四周岁不满十六周岁的人，犯故意杀人、故意伤害致人重伤或者死亡、强奸、抢劫、贩卖毒品、放火、爆炸、投放危险物质罪的，应当负刑事责任。”

人们在各自的金钱观、价值观、人生观的引导下，形成不同的价值取向，追求各自认为最有价值的东西。“君子爱财，取之有道。”“不义而富且贵，于我如浮云。”正确的金钱观、价值观、人生观可以指引人走正确的道路，通过自己的劳动创造财富，成为一个有益于社会、有益于人民的高尚的人。错误的金钱观、价值观、人生观将导致人背离人生的正道，走到邪路上去，甚至成为危害社会、危害人民的罪人。如何认识金钱？如何获取金钱，如何使用金钱？什么才是真正的财富？什么才是人生的价值？——未成年人树立正确的金钱观、价值观和人生观是不良行为自我预防的重要举措，对未来心智的健康发展也至关重要。

## 一、案例解析

### ◎典型案例：在攀比中迷失的少年

独生子女身上或多或少都会显露出一些任性、娇气和霸道，小林也不例外。14 岁的小林生长在一个普通工人家庭，一家三代生活在一起，虽然父母收入微薄，但家庭还算其乐融融，爷爷奶奶用他们的方式呵护着小林——从小到大，小林要什么就给他买什么。在小林的心里，没有自己得不到的东西。进入初中以后，小林忽然发现，自己过去生活的世界原来是那么的狭小，生活是那么的平淡，他听到了很多从来没有听到过的东西，知道了很多“时尚潮流”。看到身边许多同学用的手机、穿的衣服全是名牌，小林心里别提多羡慕了【虚荣】，而听到同学在一起谈论iPhone、iPad时，小林觉得自己和自己的家庭是那么的卑微，这种卑微感让他觉得很没有面子，他决心要用行动来维护自己的尊严。【攀比】

那是一个午后的课间十分钟，同学们都出去活动了，小林看到前排桌斗里一部闪亮的手机从书包的一角露了出来，这是他渴望已久的一部手机，于是他毫不犹豫地将它从别人的书包里拿出来放入自己的口袋，然后不动声色地走出了教室。【偷窃】

这么“轻松”就拥有了渴望已久的东西，小林觉得“一切皆有可能”。虽然过后他发现这东西对自己毫无价值——既不敢拿出来用，也不敢带回家，最后以50元的价格卖给了修手机的。有了第一次，就有第二次、第三次……多次偷盗成功使小林觉得即使自己做了坏事，也不会有人发现。但是班内失窃几次以后，同学们开始有所防范。既然偷不到，小林就开始“直接跟别人要”，有了钱就在同学面前大把大把地花，渐渐地，小林身边多了一些“拥护者”。小林和伙伴们习惯了“高消费”，钱总是不够用，于是，他们把目光转向了低年级的同学。一天放学后，小林和他的“拥护者”把一个个子矮小的低年级同学围堵在学校旁边的小巷里，威胁他说如果不把身上的钱拿出来就不让他回家，并要揍他。最终，小林和他的伙伴们从这个小同学身上搜到了五块钱，他们夺过钱便扬长而去。【强索】

此外，小林还认识了一些社会上的无业青年，经常和他们混在一起，骑着摩托车在马路上闲逛。这群闲散青年在路上物色到合适的目标就配合起来抢夺别人的背包，很快小林也被他们拉进组织，参与抢劫。【抢劫】

抢到了钱，他们就到饭店大吃一顿或者整天泡在网吧里。“及时行乐，莫问明天”成了小林的座右铭，“赚大钱，开奔驰”成了小林的人生追求。错误的金钱观、扭曲的价值观、享乐的人生观将小林一步步推向违法犯罪的边缘。一天，小林因没钱上网，伙同几人抢劫网吧内的一个小伙子。最终，小林因犯抢劫罪被依法判处有期徒刑3年，进入未成年犯管教所服刑改造。小林这才明白过来，什么才是真正的财富，什么才是自己最应该珍惜的！

## 原因与教训

1. 爱慕虚荣，贪图享受。作为一名学生，最重要的任务就是学习，小林没有把心思放在学习上，而是任由自己的物欲膨胀，一心想着过穿戴名牌、众人羡慕的生活。特别是进入中学以后，当他看到其他同学拥有各种“奢侈品”而自己没有的时候，虚荣、自卑使他把本该花在学习上的注意力都转移到了物质生活方面。物质的满足永远不能带来真正的快乐，只会刺激产生更高的物质需求，放任自己的物欲膨胀，只会进一步放纵自己的虚荣和享乐心理。

2. 精神空虚，价值错位。虚荣心得不到满足，小林觉得自己在同学们面前抬不起头来，一方面他希望自己能加入家庭富裕的同学的行列；另一方面家庭的现状又使他感到自卑。此时，小林的价值观已经发生了错位，他不知道什么才是真正的财富，不知道如何才能真正体现自己的尊严。于是，他采取了错误的行动来维护所谓的“自尊”。他不知道，金钱只是财富的一种形式，财富既包括物质财富，更包括精神财富、情感财富、经验财富等。人生真正的价值在于创造财富而不是使用财富，人生的真正意义应该是发展自己而不是被金钱所累，不能自拔。

3. 非分之财，侥幸作祟。如果说一个错误行为的发生有偶然性，那么侥幸心理的存在就使错误行为再次出现成为必然。通常情况下，侥幸心理只是一种潜意识，不足以支配人的行为活动，但当一个人自控能力不强时，这种潜意识便会孕育、膨胀进而引发冲动。小林第一次盗窃意外成功使他迷失，并为更为严重的不良行为的产生埋下了种子。“君子爱财，取之有道。”偷窃不仅是一种不良行为，而且是一种错误获取金钱的方式，未成年人应当明白，唯有通过自己辛劳的付出所收获的才是真正的财富。

4. 贪欲膨胀，强索强要。贪欲必定会使一个人迷失。小林因为几次盗窃侥幸成功，贪欲便越来越大，当周围的人都开始设防，没什么可盗的时候，他满足欲望的方式就更直接了——向低年级的同学去“要”，而此时的小林已经处于犯罪的边缘。挥霍、没有节制的享乐生活又进一步刺激了小林的贪欲，小林陷入不良行为的梦魇而不自觉。结交无业青年、混迹社会是小林走向犯罪的外因，而“及时行乐”的观念是小林走向犯罪的真正原因。“虚荣、贪欲”使小林精神上极度空虚，而社会上所谓“志同道合”的人，向他展现的是“法律和纪律不足为惧，对别人的伤害也无足轻重”，这一切最终将小林推向了犯罪的深渊。小林的事例给了我们沉重的启示，试问：人们应该如何正确认识财富？如何合理获取并使用财富？

金钱是人的正常价值追求之一，也是社会文明和个人能力的重要体现。但人们应当认识到，正确的金钱观是比金钱更有价值的东西，尤其是未成年人，更应该形成对金钱的正确认识，学会正确对待金钱、正确获取金钱和合理使用金钱。未成年人要谨防因个人贪欲的肆虐而沦为金钱的奴隶，更要防止因金钱观的偏失而导致不良行为的产生。

## 二、预防方法

未成年人因金钱而失足固然有其外因，但主要还在于内因，错误的金钱观、价值观、人生观是导致偷窃、强索甚至抢劫等不良行为的根本原因。错误地把物质欲望的满足当作人生最大的价值追求，是产生此类不良行为未成年人的共同特征。做金钱的主人还是奴隶，是未成年人成长路上面临的一个重要问题。未成年人可从以下几个方面加强自我防治。

### （一）科学认识金钱

未成年人的自我意识还处在模糊时期，不能正确地认识自己的身份角色与社会地位，并对这种认识有恰当而适宜的态度。因此，未成年人的行为支配需要成人的指导，否则易与现实不相适应，甚至发生冲突。未成年人既要科学认识金钱的价值、意义和作用，更要认识到不正确的金钱观可能带来的危害。无论是盗窃、强索，还是抢劫，都是非法侵犯他人财产的行为。表面上来看，好像是家庭困难或盲目攀比等因素诱发了这些不良行为，但从本质上来看，还是因为行为主体仅以自己的主观想法来分析和处理问题，而不能真正站在他人的立场与社会角度来分析和处理问题。这些不良行为所反映出来的社会认知方式是“自我中心观”，即未成年人不能站在他人的角度替他人着想，遇事也不懂得如何求助于他人，仅凭自己的好恶行事，因而无法找到解决问题的正确方法，以致最终走上犯罪的道路。这些不良行为不仅侵犯了他人的财产、破坏了社会的秩序，也使未成年人的家人陷入悲伤痛苦之中。未成年人要时刻牢记，不当获取他人的物质利益不仅是不道德的行为，而且是一种违法行为。

### （二）正确获取金钱

古人云:“君子爱财，取之有道”，其中的“道”是指仁道、合法之道，意思就是说一个人喜欢财富无可厚非，但要通过合法的渠道获得，这是一个人安身立命的基础，也是生活的原则。拥有许多财富是很多人的奋斗目标，渐渐地，财富的多寡成为衡量一个人价值的尺度。当一个人被列入世界财富排行榜时会让众人羡慕；然而，很多人不知道的是，他们在拥有财富的同时，也在为这个世界创造财富，回报社会，奉献人民。未成年人大都是未出校门的学生，心智还不太成熟，没有工作，经济上还不独立，需要家庭的资助、关照和监护，所以更加需要合理控制自己的消费欲望，根据家庭经济条件和生活需要合理消费。

正确获取金钱是金钱观的核心内容。如果你能够在不耽误学习的情况下，靠自己的勤劳和智慧创造财富，赚取金钱，过上自己想要过的生活，这无可厚非，也充分展示了你适应社会的能力。但事实证明，大部分未成年人并不具备创造财富的能力，为了满足一时的享受，他们中有一小部分人无视社会规则，通过盗窃、强索甚至抢劫的手段非法获取他人的钱财，最后坠入犯罪的深渊。如果把人生比作一趟远行，那么财富就是我们远行路上需要的食粮。金钱物质是一种财富，同样，知识技能、健康快乐、社会经验、亲人朋友、勤劳智慧、身心自由也是一种财富。因此，对于一个人来说，财富无处不在，如果未成年人能把眼光从金钱和物质上移开，抽出一点儿时间去了解一下贫困山区孩子们的生活状况、了解一下重症病房里人们痛苦的坚持、了解一下特殊学校中那些失去光明的孩子们的生活……就会发现，自己是多么富有！“知足常乐”，不要让金钱和物质的享受主宰我们的心灵，牵绊我们成长的脚步。

### （三）拒绝负性攀比

人生最大的苦恼，不在于拥有的太少，而在于向往的太多。攀比心理有两种，正性攀比心理和负性攀比心理。正性的攀比是在理性意识驱使下的正当竞争，能够引发个体积极的竞争欲望，产生克服困难的动力；负性攀比会使人陷入思维的死角，产生巨大的精神压力和极端的自我肯定或者否定，缺乏对自己和周围环境的理性分析，只是一味地沉溺于攀比中无法自拔。因此，很多的压力都来自盲目的负性攀比。一部分人负性攀比后虚荣心得不到满足，就产生极度的自卑和妒忌心理，导致不良行为发生。

如何使用金钱？是将有限的物质财富用于促进自身和周边人的幸福发展上，还是无节制地负性攀比、挥霍？这些都是未成年人应认真思索、回答的问题。事实上，合理使用金钱不仅是一种健康的生活方式、消费方式，更是对自我行为的合理有效控制。在日常的学习生活中，未成年人要树立正确的人生观和价值观，要客观地看待“面子”问题，参加社会活动时不要过分关注别人的看法，尽可能地纵向比较，减少盲目地横向比较，通过积极的自我暗示增强自己的心理承受力，通过努力学习来转移物质的诱惑，纠正自己的认知偏差。只有学会自我约束和自我控制，才能保持一颗平静的心，减少负性攀比可能对自己造成的不良影响。

### （四）让心灵真正富有

常言道：“人生不如意事十有八九。”每个人都会在生活的方方面面遇到烦恼和挫折，要想在经历烦恼和挫折后依然保持向上的动力，发现平淡生活的快乐，需要我们每个人对生命有更深层次的思考，更需要我们有一颗强大的内心。一个人如果不先肯定内在的重要性，只是把外在的需要作为人生追求的目标，以自我为中心，只注重金钱物质，而不注重人生价值，试图通过名利、地位、权势等实现自我价值，为了满足个人欲望不择手段，那么他和动物就没什么区别了。英国作家毛姆说过：“自尊心是一种美德，是使一个人不断向上发展的一种原动力。”但如果自尊心不恰当地建立在比别人优越的追求上，自然就会攀比；如果自尊心建立在自我认同和自我提升上，就不会在乎和别人比起来怎么样。真正的富有不是比别人优越，而是优于过去的自己。所以，有一颗强大的内心才是实现自我价值的真正源泉。

## 三、阅读思考

### 材料一：乞丐的美梦

每天下班，鲍比和女友丽莎都会结伴穿过纽约的中心公园，有说有笑地回家。鲍比注意到，一位衣着破烂的乞丐总是坐在公园的板凳上，静静地望着对面的豪华宾馆，脸上洋溢着幸福的笑容。他好奇地走近乞丐：“请原谅，我真不明白你为何每天都能如此开心？”乞丐憨憨地笑道：“虽然我没家也没钱，可每天都能讨取到一些零钱，入了夜还有宾馆的彩灯相伴，这样我便总能梦到自己住进了那栋舒适的宾馆。”鲍比对这种近乎自欺欺人的开心深感同情，于是大方地往乞丐的帽子里放了100美元。显然，乞丐从未接受过这么大额的施舍，他直愣愣地盯住钞票，一个劲儿地道谢。第二天，鲍比和女友路过公园时又遇见乞丐，鲍比担心变了天气乞丐会被冻着，便又仁慈地留下100美元。乞丐禁不住对丽莎夸赞：“你男友真是大好人。”到了第三天，两人路过公园，乞丐已站在长凳旁等候：“有机会我也想住一次豪华宾馆，你能再帮帮我吗？”鲍比点了点头，又掏出100美元。

那之后，每次下班，乞丐都会主动跟鲍比友好地打招呼，然后总以住宾馆为由伸手要钱。鲍比照例每次都慷慨地留下了钱。如此持续了十几天，鲍比实在没有更多的钱救济，便只能自个儿绕远道而行，以避开乞丐。日子一天天过去，终于有一天，鲍比远远地看见那个乞丐一直跟着丽莎往自己家的方向走，还反复抱怨：“你男友是生病了吗？如果不是，他怎么可以这么不负责任呢？以前我只会做住宾馆的美梦，是他让我产生了住进宾馆的想法，可他却消失了，真让我痛苦无比！”鲍比这才知道，自己的慷慨施舍，一不小心竟然导致乞丐快乐的终结。

人生的痛苦，往往是因为设定的幸福标准和期待超过了自身能力，或错误地将它们寄托于他人。乞丐是这样，常人又何尝不是如此？

（摘自《青年博览》，作者：黄鹤）

**思考题**

1. 文中乞丐的弱点是什么？

2. 你认为乞丐的贪财如果继续发展可能会导致哪些行为？

3. 你认为应该如何设定自己的目标？

## 材料二：虚荣的代价

明明本是个性情温良、成绩中上的孩子，去年中考前父母依照他的意愿许诺："考上重点高中，奖励一台上万元的笔记本电脑。"在此诱惑下，明明发愤图强。"天道酬勤"，通过自己的努力，明明顺利地考上了理想的高中，父母也兑现了当初的承诺，尽管这耗去了全家一个月的收入。

一年后，我去他家，发现明明的家人愁眉不展，问及原因，说明明刚从派出所回来，我讶然。原来，明明自从上了高中，就经常要求父母为其买高档生活用品，小到衣服鞋袜，大到电子产品，使得本来就不宽松的家庭经济状况更加窘迫。我不免感慨，问明明："你为什么要如此昂贵的名牌奢侈品？”他回答：“同学们都有，我没有，面子上过不去。”原来如此！他用父母的血汗钱交换的是面子，是虚荣。原来“头悬梁，锥刺股”的孩子，一心攀比，不但学习成绩每况愈下，而且通过偷窃的方式来获得无法从父母处得到的东西，最终进了派出所。

**思考题**

1. 明明的攀比心理对自身的成长、家庭和社会造成了哪些影响？

2. 你认为该如何克制自己的不良消费欲望？

**推荐书目：**

《雾都孤儿》（作者：狄更斯）

# 第三章

## 止戈为武

### ——自我预防之“一本江湖大侠的秘籍”

### 预防目标

学会预防打架斗殴、辱骂同学、校园暴力等不良行为，培养正确的力量观。

### 核心提示

* **校园欺凌**是指一些未成年人出于谋利、炫耀、控制等动机，蓄意或者恶意通过肢体、语言及网络等手段经常性地欺负弱小的同学，使弱小的同学受到人身伤害、财产损失或精神损害，给学校的管理和未成年人的健康成长带来很多不利影响的行为。校园欺凌突出表现为欺凌弱小、好勇斗狠、江湖义气等。

* **典型欺凌者的性格特征**：霸道和冲动，倾向使用暴力欺压他人；比较以自我为中心，对受害同学缺少同情心；得到部分同伴的认同；行为上比起其他同学有突出的攻击倾向。

* **被动欺凌者的性格特征**：看见欺凌者的暴力行为得逞，于是协助及附和欺凌者，有些则借此保护自己，免受欺凌；看见欺凌者欺凌同学后，嘲笑受害者无用。

* **被欺凌者的性格特征**：性格内向、害羞、怕事；在同学间不受重视，朋友很少，在学校中十分孤单；缺乏与同伴相处的社交技巧，表达能力不佳；等等。

当前，未成年人生活的环境主要是校园，绝大部分的时间是和同学一起度过的。校园生活是美好的，但相处中发生小摩擦在所难免，产生矛盾时一定要正确面对，处理不当则可能引发校园欺凌。校园欺凌包括身体、语言、网络、关系等方面的伤害，特点是以大欺小、以强凌弱、以多欺少、以暴制暴、威逼利诱、因小事大打出手等。另外，给同学起侮辱性绰号，孤立别人，语言羞辱，恶作剧侮辱等软暴力、冷暴力的行为也属于校园欺凌。

## 一、案例解析

### ◎典型案例：校园欺凌没有赢家

小明是一名在校生，经常受到同学大刚的欺负，不过他所谓的欺负，在别的同学看来只是很小的摩擦，比如，时不时被大刚推搡一下、言语上嘲笑一番或者差遣他干活等，但是这却成为小明心中的痛。有一天，大刚让小明给自己买东西，小明拒绝了，大刚心生不满，放学后拦住小明，两人发生了肢体冲突，打斗中小明用刀捅死了大刚，小明因犯故意伤害罪（致人死亡）被判处有期徒刑六年。

## ◎典型案例：一件关于“爱情”与“尊严”的少年凶案

在一个冬日的午后，某校初中学生小勇到教学楼六楼的厕所洗手，突然有两人各拿一把两尺多长的西瓜刀冲了进来，“一声不吭就挥刀直砍过来。砍了我十几刀，血流了一地。我没有办法，只能抬起右手抵挡，所以右手手腕受伤最重。”小勇说，“整个过程不过半分钟左右。”【故意伤人】

惨剧发生后，小勇先是由师生送到就近的医院救治，后因伤势严重，被转送到骨科方面更加有实力的大医院进行治疗。这家医院迅速为他施行了4个多小时的手术，接合了断裂的肌腱和血管。小勇的主治医师说：“他被送来的时候，身上有多处刀伤，主要集中在右肩、上臂、手腕和大腿四处，右手腕1–4指共9根伸肌腱断裂、腕骨骨折，血管、神经都被砍断了。这些伤口都很深，可见行凶者下手狠毒。他的手不可能像原来一样灵活了。”

据了解，这两个行凶者均是小勇隔壁班的同学，一人名叫小杰，另一人则是小杰的班长，人称“郭大侠”的小郭——这一点倒是让老师和同学们大跌眼镜。小杰为人内向，从不和人冲突；小郭更是班里的模范生。两人均不满16岁，在作案后不久，两人便向当地公安机关投案自首。当被问及行凶原因时，他们说是因为小勇和小杰同时喜欢上了小勇班上的一个女孩。虽然小杰的学习成绩比小勇好

很多，也很受老师喜欢，但是在追求女孩的过程中，女孩更偏爱小勇的态度，让小杰妒意十足。【早恋思维】

在又一次表白未果之后，羞惭、郁闷的小杰将此事告诉了自己最好的朋友“郭大侠”。小郭学习成绩好，也十分乐于助人，在班里备受同学们的欢迎。有人找他帮忙的时候，他总说“江湖儿女，义不容辞”。【江湖义气】

小郭告诉小杰说，这一切都是因为小勇身体强壮，长得又帅；而他胆子太小，遇事退缩，不像个男人。男人只有为爱敢于牺牲一切，敢于扫除一切障碍，才能获得女孩的青睐，就像过去的欧洲骑士一样，要为了爱敢于决斗。因此，小郭建议小杰给小勇点儿颜色看看，这样女孩就不会喜欢小勇，转而欣赏小杰的勇武和胆识了。【崇尚暴力】

小郭说自己出于哥们义气，也会协助小杰一起快意恩仇。在妒火中烧、怒意迷心的情绪下，小杰很轻易地相信了这种简单而幼稚的逻辑。于是两人学着《古惑仔》中的情节，带着两把西瓜刀，埋伏在小勇下课必经的厕所旁。【冲动】

事后问及小杰对自己行为的感受时，小杰哭了。他说自己原先胆子很小，连杀鸡都不敢看。但正是因为自己过去很内向、胆小，所以总被同学们嘲笑。并且因为自己成绩优异，常被老师关注，所以在班上也被同学有意无意地孤立。这次表白的失败，使他脆弱的自尊心再次遭受重击。

小杰说自己在下手时，已经完全忘记了为什么要伤害小勇，也忘记了害怕。当时心中只有一个念头——只要敢砍敢杀，以后就不会再有人说自己胆小了。小杰模仿古代欧洲的骑士决斗，对自己所谓的“情敌”下了毒手，不仅没有换来女孩对自己的青睐、同学对自己的敬佩，反而将自己的前途搭了进去。小郭作为小杰的好友，没有及时劝阻和制止小杰，反而出于所谓的“江湖义气”，严重伤害他人，也伤害了自己。同学们想想，这样的行为真的是英雄侠义吗?

## | 原因与教训 |

1. 娇宠自私，价值扭曲。现代中国家庭普遍孩子较少，大部分是独生子女家庭，这使得一个孩子集万千宠爱于一身，从童年到青年，可能遭受的风雨和挫折都有人为其遮挡，这人为地割裂了孩子和整个社会的有机交融，使得孩子的活动常被局限在这“要风得风，要雨得雨”的家庭范围内。而在这个家庭王国中，孩子是当然的国王，成为左右家庭一切活动的最高权威。孩子的要求，无论是对的还是错的，多数情况下，总会获得满足。于是，家庭一切的付出都开始扭曲，成为一种理所当然的支出。孩子心灵的田园，没有感恩之水的浇灌，唯我独尊的观念像莠草一样没有约束地蔓延。当小明、小杰的心中充斥了自我中心的思想意识后，他们的价值取向便滑入错觉的泥淖中。这种错觉，导致他们不能承受任何轻视嘲弄，更不能承受肉体和精神的伤害。而一旦这样的伤害成为事实，他们就无从应对，或躲避退让，成为忍气吞声的受害者；或恼羞成怒，愤然出击，选择了他们认为最好的方式来解决问题。

2. 过分张扬，偏狭冷漠。相当多的家长越来越困惑于读不懂自己的孩子。孩子越大，接受的知识越多，和家长之间的隔阂往往就越深。其实这种隔阂的焦点，就是两种不同价值取向的相互冲突。无论是做家长的，还是做子女的，都会立足自身价值取向，试图用自己的价值观来规范对方的行为，这就势必会产生矛盾。问题的关键在于，总有少数家长的价值取向是非理性的，甚至是自相矛盾的。一方面，他们希望孩子能在学业和品行上都出类拔萃；另一方面，出于一种原生态的本性，他们又时刻担心孩子遭受挫折或蒙受委屈。处于这种两难中的家长，大多学会了通过物质或其他途径来补偿孩子，以求得自己内心的平衡。然而这种补偿多数情况下会演化成一种放纵——文化课学习之外的放纵。由于这种放纵，小郭虽然各方面表现都很优秀，但其个性中的部分弱点被家长和老师淡化和忽视了，许多违反行为规范的举动被认可甚至纵容。这些小错的点滴积累，使小郭慢慢养成了狭隘与冷酷的个性，在处理问题时不能通过理性和规范来约束行为，而是率性而为，不顾后果。从小到大，在他的脑海中，既有关爱他人、与人为善的传统美德，也有被文学作品盲目夸大的优胜劣汰的江湖规则。小郭不能很好地分辨江湖义气和助人为乐的不同，沉迷于自己臆想的武侠世界，缺乏理智，从而错误地处理了一件本可以妥善解决的小事。

3. 崇尚暴力，以戈止武。小杰和小郭对小勇的伤害是典型的校园伤害案件，它所反映的深层次问题是未成年人错误的“暴力观”。由于未成年人成长环境日益受到社会复杂大环境的影响，个人英雄主义、暴力美学等理念逐渐被未成年人所熟悉并习得。他们从书籍、电影、网络中学会了“用拳头解决问题”的方式，将打架斗殴、欺负同学看成自身力量的一种彰显，将“以眼还眼、以牙还牙”作为自己的行为准则。其实，武力从来不是解决问题的唯一方法，也不是最好方法。随着社会文明程度的提升，成人社会也不再简单地以武力来解决问题与纷争，而是通过道德、法律等现代思维方式来处理人与人之间的关系，建立社会秩序。未成年人思想并不成熟，往往会过度沉溺于“快意恩仇”的武力解决问题的方式，过度崇尚暴力，从而引发不当的行为。中国人说“止戈为武”，意思是停止、制止和放下武力是最伟大的力量。

是止戈为武，还是以戈止武？到底快意恩仇是英雄，还是解危扶困是英雄？什么才是真正的力量？是什么将未成年人和暴力联系在一起？打架斗殴、好勇斗狠，这不仅仅是不良行为，更是错误的力量观在作祟。以戈止武只能是万不得已时的手段，止戈为武应是最终的价值追求，未成年人切不可本末倒置。

## 二、预防方法

预防校园欺凌等不良行为的产生，可以尝试以下方法。

### （一）安全第一，预防为主

发生校园欺凌通常有两个原因：一是同学间因口舌之争或其他原因产生肢体冲突；二是为了满足自己的私欲而引起争执、事端。预防争执和事端应做好以下三点：

1. 与同学友好相处。有的同学遇到矛盾时，不愿意吃亏，认为忍让就是没了面子、失了尊严，最终只能使得矛盾不断升级。未成年人应该宽宏豁达，懂得谦让，不应为一丁点儿小事就僵持不下，斤斤计较，甚至拳脚相向，做出降低人格的事情。

2. 避免成为施暴者的目标。上下学尽量结伴而行，避免落单；平时不要随身携带太多的贵重物品，不要公开显露自己的财物。学校僻静的角落、厕所或楼道拐角都是校园欺凌的多发地带，未成年人在这些地方活动时尤其要注意，最好结伴而行。预防欺凌重于应对欺凌，而这一切需要未成年人群体共同参与。

3. 养成善于观察的好习惯。多留意身边发生的事，很多欺凌事件的信息可以从同学间的交流中获取。为了保障自己的人身安全，避免欺凌者打击报复，未成年人可以通过电子邮件的形式匿名报告学校或老师。

**（二）应对欺凌，临危不乱**

如果无法避免危险的发生，那么在危险发生的时候，一定不要惊慌，保持冷静、清醒的头脑是制胜的关键。未成年人应克服内心的恐惧，积极地去解决问题，或者本能地保护自己。

1. 遭受语言暴力时的自救。应对语言暴力，未成年人通常可以采取以下方式：一是淡然处之；二是自我反省；三是无畏回应；四是肯定自己；五是调整心理；六是法律维权。

2. 遭受行为暴力时的自救。如果被攻击者殴打，未成年人应该怎么办？一是找机会逃走；二是大声呼救；三是借助一些小动作给自己寻找逃跑的机会；四是求饶（求饶不是懦弱的表现，而是减少伤害的策略）；五是如果以上方式均不成功，那么应双手抱头，尽力保护头部，尤其是太阳穴和后脑。在遭遇人身和财产双重危险时，应以人身安全为重，舍财保命，以免受到更严重的伤害。

### （三）及时报告，依法维权

由于校园欺凌事件频发，许多同学因此产生恐惧和焦虑心理。一些同学在遭受欺凌或目击欺凌后不敢把事情告诉家长和老师，更不敢报警，甚至在警方破案后也不敢出面作证，成为“沉默的羔羊”。然而，忍气吞声往往会诱发新的欺凌事件。未成年人自己或发现他人遭遇紧急情况时，一定要在第一时间向家长、老师或警察求助，采取最有效的救助措施。

要有效应对欺凌，未成年人必须具有以下五个意识：

第一，要有依法的意识，违法行为是不受法律保护的；

第二，要有强烈的自我保护意识；

第三，要有方法和策略意识，在力量悬殊的情况下，切记不能蛮干；

第四，要有见义勇为、见义智为、见义巧为的意识，在保护自身安全的前提下对他人实施救助；

第五，要有强烈的报告意识和证据意识，及时上报并注意搜集、保存证据，以便在需要时出示。

### （四）学会尊重和善待他人

每个人都无权侵犯他人的权利，否则会受到法律的惩处。比如，把别人打成轻伤以上的，可能构成故意伤害罪，还要承担民事赔偿责任；随意殴打他人情节恶劣的，构成寻衅滋事罪，可能会坐牢。所以，每个人都要管理好自己的情绪，学习生活中遇到不开心的事，要控制好自己的“小宇宙”，找到情绪发泄的正常出口，打打篮球、踢踢足球、听听音乐都是很好的方式。

对于旁观者，请你在确保自己人身安全的情况下，为受欺凌者提供适当的帮助，不要成为冷漠的看客。

## 三、阅读思考

### 材料一：《射雕英雄传》选段

成吉思汗神色黯然，将弓箭抛在地下，说道："数十年来，今日第一次射雕不中，想来确是死期到了。"郭靖待要劝慰，却不知说什么好。成吉思汗突然双腿一夹，纵马向北急驰。郭靖怕他有失，催马赶上，小红马行走如风，一瞬间已追在前头。成吉思汗勒马四顾，忽道："靖儿，我所建大国，历代莫可与比。自国土中心达于诸方极边之地，东南西北皆有一年行程。你说古今英雄，有谁及得上我？"郭靖沉吟片刻，说道："大汗武功之盛，古来无人能及。只是大汗一人威风赫赫，天下却不知积了多少白骨，流了多少孤儿寡妇之泪。"成吉思汗双眉竖起，举起马鞭就要往郭靖头顶劈将下去，但见他凛然不惧地望着自己，马鞭扬在半空却不落下，喝道："你说什么?"

郭靖心想："自今而后，与大汗未必有再见之日，纵然惹他恼怒，心中言语终须说个明白。"当下昂然说道："大汗，你养我教我，逼死我母，这些私人恩怨，此刻也不必说了。我只想问你一句：人死之后，葬在地下，占得多少土地?"成吉思汗一怔，马鞭打个圈儿，道："那也不过这般大小。"郭靖道："是啊，那你杀这么多人，流这么多血，占了这么多国土，到头来又有何用?"成吉思汗默然不语。郭靖又道："自来英雄而为当世钦仰、后人追慕，必是为民造福、爱护百姓之人。以我之见，杀的人多却未必算是英雄。"成吉思汗道："难道我一生就没做过什么好事?"郭靖道："好事自然是有，而且也很大，只是你南征西伐，积尸如山，那功罪是非，可就难说得很了。"他生性耿直，心中想到什么就说什么。

成吉思汗一生自负，此际被他这么一顿数说，竟然难以辩驳，回首前尘，勒马回顾，不禁茫然若失，过了半晌，哇的一声，一大口鲜血喷在地上。郭靖吓了一跳，才知自己把话说重了，忙伸手扶住，说道："大汗，你回去歇歇。我言语多有冒犯，请你恕罪。"成吉思汗淡淡一笑，一张脸全成蜡黄，叹道："我左右之人，没一个如你这般大胆，敢跟我说几句真心话。"随即眉毛一扬，脸现傲色，朗声道："我一生纵横天下，灭国无数，依你说竟算不得英雄？嘿，真是孩子话！"在马臀上猛抽一鞭，急驰而回。当晚成吉思汗崩于金帐之中，临死之际，口里喃喃念着："英雄，英雄……"想是心中一直琢磨着郭靖的那番言语。

**思考题**

1. 成吉思汗和郭靖分别是怎么定义"英雄"的？

2. 在你心中，有什么样的作为才能被称为"英雄"？

## 材料二：《神雕侠侣》选段

郭靖一面解衣就寝，一面说道："过儿，眼前强虏压境，大宋天下当真是危如累卵。襄阳是大宋半壁江山的屏障，此城若失，只怕我大宋千万百姓便尽为蒙古人的奴隶了。我亲眼见过蒙古人残杀异族的惨状，真是令人血为之沸。"杨过听到这里，想起途中也曾见到蒙古兵将施虐行暴诸般可怖可恨的情景，也不禁咬得牙关格格作声，满腔愤怒。

郭靖又道："我辈练功学武，所为何事？行侠仗义、济人困厄固然乃是本分，但这只是侠之小者。江湖上所以尊称我一声'郭大侠'，实因敬我为国为民、奋不顾身地助守襄阳，然我才力有限，不能为民解困，实在愧当'大侠'两字。你聪明智慧过我十倍，将来成就定然远胜于我，这是不消说的。只盼你心头牢牢记着'为国为民，侠之大者'这八个字，日后名扬天下，成为受万民敬仰的真正大侠。"

……

当两军激战之际，杨过心中也似有两军交战一般，眼见郭靖身遭危难，他上升下降，再上再落，这两下起伏只片刻间之事，杨过心中却已转了几次念头："他是我杀父仇人，我杀他不杀？救他不救？"当郭靖使"上天梯"功夫将上城头之际，杨过便想凌空发掌击落，郭靖在半空无所借力，定然身受重伤，坠下城去。他稍一迟疑，郭靖已被法王发箭阻挠，无法纵上。杨过心中乱成一团，突然间左手拉住朱子柳手中半截绳索，扑下城去，右手已抓住了郭靖的手臂。

**思考题**

1. 郭靖是怎么定义“大侠”的？

2. 杨过后来为什么会对自己的杀父仇人郭靖出手相救？

3. 你是怎么看待郭靖的言论的？

**推荐书目：**

《鸳鸯刀》（作者：金庸）

# 第四章

## 远离毒品

### —— 自我预防之“如何避开路上的陷阱”

**预防目标**

学会预防抽烟、酗酒、吸毒、赌博等不良行为。

**核心提示**

* **抽烟**是指人体通过口腔吸入烟草燃烧后所产生的物质，是一种不健康的生活习惯。抽烟容易成瘾，对健康的危害极大，长期抽烟可导致智力衰退、中风及癌症等不治之症。

* **酗酒**是指过量饮酒。酒中含有酒精成分，过量饮用会对身体造成损害，影响健康。更为可怕的是过量饮酒会使酗酒者的语言能力、判断力、记忆力和注意力受到影响。此外，长期饮酒还会上瘾，出现酒精依赖综合征，这时人就离不开酒了。

* **吸毒**是指非医疗用途、强迫性地连续或定期使用毒品的行为，是一种违法行为。吸毒具有极强的成瘾性，一旦成瘾很难戒除。它不仅会对吸毒者本人的身心健康造成严重的损害，更会祸及家庭和社会。正如联合国前秘书长安南所说：“毒品在吞噬着我们整个社会，毒品在酝酿犯罪，毒品在传播疾病，毒品在毁掉我们的青年和未来。”

* **赌博**是一种用财物作注争输赢的行为，是一种很普通也很常见的不良行为。未成年人赌博危害众多，不仅会导致学习成绩下降，还会严重损害心理健康，造成心理素质、道德品质下降，社会责任感、耻辱感、自尊心严重削弱，甚至为了赌博而违法犯罪。

这个世界充满形形色色的诱惑与陷阱。面对诱惑，有的人能保持警惕，抵制住诱惑的侵蚀，不让自己深陷泥淖；有的人却因放松警惕，误入迷途，被诱惑牵着鼻子走！面对外界的诱惑，我们应该如何对待呢？

## 一、案例解析

### ◎典型案例：染毒的花朵过早凋零

这个世界上，有一种花美艳无比，却藏着可怕的毒。它就是罂粟，一个令人谈之色变的名字。看到美丽的罂粟花，怎么也无法想象其背后是毒品狰狞的面目。如今，毒品的魔爪已经伸向了孩子，让原本纯洁的心灵染上了罂粟的黑渍。

16 岁的少年小海（化名），花一样年纪的他本应在父母的呵护下快乐生活，在社会、学校的关爱下健康成长。然而，2018 年 5 月 11 日，某检察机关以贩卖毒品罪对小海提起公诉。染上毒瘾并贩毒的小海就只能在看守所内，透过铁窗望着头顶的那一小块蓝天。

“小海是个可怜的孩子，从小就没了家，真是可惜。”提起小海，办理此案的检察官就边摇头边替小海感到惋惜。原来，小海6岁时，父母因感情不和离婚了，他被判给了母亲。没多久，小海的父亲便离开当地去广东打工，从此杳无音讯，半年后母亲也不知去向，好心的姨妈收养了他。姨妈家有三个孩子，因此只能给小海提供物质上的帮助，无法在学习方面督促、帮助他。【家庭环境不良】

在学校里，小海因为没有爸妈经常被同学们嘲笑，自卑的他开始厌倦学习，还没读完初一就辍学了。因为精神空虚，小海渐渐与姨妈家的邻居张某熟悉起来。张某有钱，出手也大方，时不时就带他出去“潇洒”，同时也帮小海结交了一帮“哥儿们”。小海甚至有些崇拜这位比自己大8岁的大哥。【交友不当】

有一天，在张某等人的引诱下，小海开始吸食冰毒，并很快染上了毒瘾。说起第一次吸毒，小海记忆犹新：“张哥带我来到一个兄弟家里，看见很多人围在一起，很快活的样子，一个兄弟很神秘地对我说：‘心情不好来口这个，包你舒服。’怎么说呢，以前只是听说过毒品，当时我就是很好奇，再说，我从来没有‘不敢’的时候，他们叫我吸，我要是不吸，面子都没有了。【面子心理作祟】老实讲，第一口我被呛住了，根本没有吸进去。但我想看看吸这东西到底能有多舒服，就继续吸，这种心态就好像小时候学抽香烟一样，明明呛得厉害，却还是要抽。”【好奇心理驱使】“那次吸过之后我心里忐忑不安，两天没吃饭，虽然感觉到饿，但就是没有食欲，口干，不想睡觉，就通宵上网。吸过两次以后我就上瘾了，成天精神恍惚，就像丢了魂一样。兄弟免费提供了一段时间后，就要我花钱买毒品了。”在看守所，小海从警官那里知道了冰毒的危害，再联想到自己吸毒后的切身感受，才如梦初醒：“听得我冷汗直冒，他们说这东西是不上瘾的，如果早知道这些，打死我都不会碰的。”

因为没有经济来源，小海心甘情愿成了张某的“小弟”，多次接受张某的指令，为其运送毒品，赚取一些零花钱。一天凌晨，小海接到张某的电话，让他到一家夜总会“送货”，被警方当场抓获。被抓后，小海主动交代自己曾帮张某送过4次货。【跌入犯罪陷阱】

承办此案的检察官告诉记者：“少年吸毒贩毒，令人扼腕叹息，值得深思。”毒品是世界三大公害之一，这只邪恶的魔手正向纯洁的未成年人伸去，未成年人吸毒、贩毒已经成为一个严重的社会问题，需要引起全社会的关注。

## | 原因与教训 |

1. 好奇心理驱使，毒品知识缺乏。好奇心是导致未成年人吸毒的罪魁祸首。据统计，因盲目的好奇心理而染上毒瘾的未成年人占未成年人吸毒总人数的70%以上。小海以前只是听说过毒品，但没有亲眼见过吸毒的真实情景，更不知道毒品的危害，出于对毒品的好奇和侥幸心理，他产生了一种不亲身体验就不快的欲望。加之有小时候偷偷学抽烟的经历，更是大胆地玩起了“火”，进而一发不可收，被毒品死死缠住，不能自拔。

2. 家庭环境不良，父母管束缺位。家庭是孩子温暖的港湾，父母是孩子的第一任老师。良好的家庭环境可以促进和保障未成年人身心的健康成长，不良的家庭环境则往往成为未成年人走向违法犯罪的重要原因。小海6岁时，父母离异且不负责任地抛弃了他，这对小海幼小的心灵造成了极大的伤害，导致他自卑厌学。姨妈虽然收养了小海，却不能代替父母给他以心灵上的关爱、学习上的帮助及行为上的引导。家庭管束能力的缺失，导致小海过早地放弃学业、流浪社会，误入歧途。

3. 精神空虚寂寞，不良朋友填充。俗话说：“闲则生非。”初一还没读完就辍学的小海，从此就像断了线的风筝，失去了人生的动力。他没有学习任务，没有工作，没有朋友，内心孤独，精神空虚，心灵上缺乏归属感。然而，人具有社会性，所以都有社会交往的需要，这时邻居张哥闯进了小海的生活，填补了他精神上的空白。张哥带小海出去“潇洒”，满足了他追求享乐的低级需要，并让他结交了新的损友，拽着他在人生的歧路上越走越远。

4. 迫于同伴压力，面子心理作祟。同伴压力是导致未成年人吸毒的重要因素。人们通常愿意听取年龄相仿或知识背景、兴趣爱好相近的同伴、朋友的意见和建议。未成年人尚未形成独立的个体意识，思想不够成熟，阅历不够丰富，更容易屈从于消极的同伴压力。当朋友怂恿小海尝试第一口毒品的时候，他虽然也有点儿害怕，但是为了维护自己所谓的面子，更为了显示自己的敢作敢当，还是跨出了滑向深渊的第一步，最终被毒品扼住了命运的咽喉。

5. 受到胁迫诱骗，跌入犯罪陷阱。“天下没有免费的午餐。”邻家张哥之所以对小海出手大方，和他“有福同享，有难同当”，这完全是一个精心设计的陷阱，一步步引诱小海上钩，先让小海染上毒瘾，进而为了获取毒资沦为自己贩毒的工具。可怜的小海却因此跌进了犯罪的深渊，难以自拔。

掩卷深思，透过小海吸毒、贩毒的犯罪表象不难发现，当家庭、亲情出现危机时，缺失亲人关怀的未成年人，在自身生理、心理发育尚未成熟的情况下，受到外界不良因素影响时，极易走上违法犯罪的道路。特别是在毒品犯罪日益猖獗的今天，一些居心叵测的毒贩经常利用未成年人年幼无知、辨别是非能力欠缺的特点，先用小恩小惠或拿少量毒品让未成年人吸毒上瘾后，再利用未成年人贩毒，从中牟取暴利。

这一问题应该引起全社会的关注。

## 二、预防方法

未成年人该如何从自身做起，预防和抵制毒品的侵害呢？

### （一）认清毒品危害

随着冰毒、摇头丸等新型毒品的蔓延，吸毒者中未成年人占比越来越高，其起因大多数是受人引诱、好奇模仿。未成年人对毒品的认知大多来自西方电影或文学作品、新闻报道的描述，因此很多人觉得新鲜、刺激、时髦。对于毒品究竟是什么，一旦吸食成瘾会产生什么样的后果，却并不清楚。其实，吸毒的危害性可以概括为六个字：害己、毁家、损国。一朝吸毒，永远想毒，终身戒毒。吸毒不仅会对吸毒者的身体和精神造成双重摧残，而且是引发违法犯罪行为的一个重要因素。吸毒耗资巨大，绝大多数成年人在经济上都无法承受，何况是经济尚不独立的未成年人；而吸毒者一旦犯了毒瘾，就会完全丧失理智，变得六亲不认，毫无廉耻。为了筹集毒资，满足一时无法抑制的毒瘾，吸毒者可能会用尽一切卑鄙、凶残的手段，欺骗、偷窃、抢劫、谋杀、卖淫，无所不为，甚至直接参与毒品的制造、运输、贩卖。因此，未成年人要积极参与社会和学校组织的各项禁毒、戒毒宣传活动，了解相关知识，认清毒品的危害，对毒品时刻保持警惕。

### (二) 培养健全的人格

吸毒是一种严重违反和偏离社会规范的行为，在它发生之前，吸毒者必定经历了一个心理过程，或者说经历了一个心理危机的过程。很多沾染毒品的人，就是因为人格方面存在一定的缺陷，心理承受能力弱，容易出现心理不稳定，乃至心理危机，以致在人生遇到重大挫折或困难的时候，企图通过毒品来寻求解脱。因此，培养健全的人格、战胜心理危机十分重要。首先，未成年人要正确认识自我、悦纳自我。既要看到自己的不足，明确改进和努力的方向；也要看到自己的长处，培养自信心。这样，在成长的道路上遭遇逆境的时候才不会自卑沉沦、自暴自弃。其次，未成年人要增强自身心理的耐受性和适应性，正确认识和处理来自社会、家庭、学校等各方面的烦恼和问题，能够从容地面对现实生活。在遇到自己难以处理的问题时，要主动向家长和老师倾诉，积极寻求支持和帮助。再次，未成年人要不断加强自身修养，树立正确的人生观，培养积极向上的生活信念，增强辨别是非的能力，多参加一些有益身心健康的社会活动，包括各种积极有意义的文体活动，提高自身的综合素质，纠正享乐主义、追求时髦、寻求刺激等不良心理和行为习惯。

### (三) 增强自控能力

俗话说："初生牛犊不怕虎。"未成年人生理、心理还没有完全成熟，他们乐于探索一切新鲜事物，但是缺乏社会经验，不了解吸毒的危害性，于是成为毒贩进攻的主要目标，加之自身存在一些弱点，毒品顺势从他们身上打开缺口。有些未成年人沉迷于追求时髦生活，认为吸毒是一种时尚、个性的行为，刻意地去追随和效仿；有些未成年人觉得摇头丸之类的根本不是毒品，认为要戒掉也不是一件困难的事情；有些未成年人面对家庭矛盾、成绩下降、早恋受挫等各种生活、学习中的压力，毫无精神准备，为了寻找安慰、排遣烦恼而吸食毒品；还有一些未成年人因受毒贩诱骗上当而吸食毒品。在毒品问题上，未成年人必须清醒地认识到，你所面临的是生与死的抉择，你将会因为尝试毒品而坠入黑暗的深渊，最终被毒品夺去年轻的生命。切记：毒品猛于虎，决不尝试第一次！

### (四) 慎重结交朋友

俗话说："近朱者赤，近墨者黑。"随着年龄的增长，未成年人的独立意识不断增强，家庭的影响力相对减弱，而朋友之间的相互影响力日益增强。结交益友，会相互促进，使人积极向上；相反，结交不良朋友，则可能使一个人从此堕落。从调查的情况来看，有相当一部分未成年人是因为结交了不良朋友才走上吸毒这条歧途的。因此，未成年人一定要慎重交友，增强辨别是非的能力。记住：朋友有真假之分，如果有人拿着毒品请你免费品尝，他就一定不是你的朋友，而是别有用心的坏人。

此外，同伴压力在影响一个人决定是否尝试毒品时，往往起着非常重要的作用。据统计，在众多吸毒者中，因受同伴影响而走上吸毒道路的占相当大的比例。一般来说，染上毒瘾的人很希望与别人分享其吸毒的“乐趣”或秘密，会极力劝说他人吸毒，因为跟臭味相投的人在一起时，他才会感到安全、自在。对此，未成年人应该保持高度警惕，尽量不要与有吸毒行为的人来往。但如果你周围已经有了这样的人，那么你要正确对待他的不良行为，尽可能劝说、帮助吸毒的朋友摆脱毒品。如果他一意孤行、不听劝告，你就要果断与其断绝交往。切记：同学之间、朋友之间，应该是团结互助、健康向上的群体关系。

### （五）自觉远离烟酒

有人说：“烟酒是吸毒的入门药。”这绝不是危言耸听。烟、酒也是成瘾性物质，抽烟、喝酒不仅能改变人的情绪，而且常常能够产生快感，若长时间使用，就会对它们产生一定的依赖，特别是酒。过量饮酒形成的依赖性和停饮后产生的戒断症状非常严重，甚至可能有致命的危险。更为可怕的是，在烟酒成瘾者中，有些人可能会因烟、酒已不能让他们产生与原来相同的快感而转向吸食毒品。从这方面看，吸烟与饮酒可能是吸食毒品的前奏。据调查，我国海洛因吸毒者在尝试毒品之前，多已形成吸烟或饮酒的嗜好。有些海洛因依赖者最初就是因为误吸了他人提供的掺有海洛因的香烟而开始吸毒的。从吸烟到吸毒只有一步之遥，吸烟为毒贩引诱未成年人吸毒制造了机会，他们会利用未成年人对香烟好奇、没有防备，而设下种种圈套引诱他们下水。因此，未成年人应拒绝烟酒，不给毒品可乘之机。

## 三、阅读思考

### 材料一：人生的三大陷阱

一个农夫进城卖驴和山羊。山羊的脖子上系着一个小铃铛。三个小偷看见了，一个小偷说："我去偷羊，叫农夫发现不了。"另一个小偷说："我要从农夫手里把驴偷走。"第三个小偷说："这都不难，我能把农夫身上的衣服全部偷来。"

第一个小偷悄悄地走近山羊，把铃铛解了下来，拴到了驴尾巴上，然后把羊牵走了。大意的农夫在拐弯处环顾四周，发现山羊不见了，就开始寻找。

这时第二个小偷走到农夫面前，问他在找什么，农夫说他丢了一只山羊。小偷说："我见到你的山羊了，刚才有一个人牵着一只山羊向这片树林里走去了，现在还能抓住他。"农夫很轻易地就相信了小偷的谎言，他恳求小偷帮他牵着驴，自己去追山羊。第二个小偷趁机把驴牵走了。

农夫从树林里回来一看，驴子也不见了，就在路上一边走一边哭。走着走着，他看见池塘边坐着一个人，也在哭。农夫问他发生了什么事。

那人说："人家让我把一口袋金子送到城里去，实在是太累了，我在池塘边坐着休息，睡着了，睡梦中把那口袋推到水里去了。"农夫问他为什么不下去把口袋捞上来。那人说："我怕水，因为我不会游泳，谁要把这一口袋金子捞上来，我就送他二十锭金子。"

农夫大喜，心想："正因为别人偷走了我的山羊和驴子，上帝才赐给我幸运。"于是，他赶紧脱下衣服，潜到水里，可是他无论如何也找不到那一口袋金子。当他从水里爬上来时，发现衣服不见了。原来是第三个小偷把他的衣服偷走了。

这就是人生的三大陷阱。

（资料来源：《哲理小故事：一个农夫进城卖驴和山羊》）

**思考题**

1. 故事结尾所说的人生的三大陷阱到底是什么？

2. 读了这个故事，请思考：我们应该怎样避开成长道路上的陷阱？

## 材料二：美梦难成真

21岁的王博（化名），是上海一所民办学校的大学生。父母盼望他在自己学业的最后一站，能求得立世谋生的技能。对此，他无动于衷、兴趣索然。因为在他看来，人生运行的轨迹并非只有“先苦后甜”这一条路，也有许多逆行反道的规律掺杂其中。确实，有的人埋头苦读十几载，重点大学毕业后，本该苦尽甘来，却立业艰难，前路漫漫；有的人从未为谋生做准备，却一夜暴富，一生富有。

站在人生的岔路口，王博不想走“先苦后甜”那条路，太漫长，他没有那份毅力和耐心，更不想当“苦尽甘不来”的倒霉蛋儿。他向往的，是凭一时的运气一夜暴富。

于是在大一时，他就背着父母，偷偷游走于棋摊、牌局、麻将桌之间，寻找他人生“一夜暴富”的机缘。很快，他迷恋上了赌博；同时，他也发现，通过这些小赌很难过上自己想过的生活，必须另谋出路。就在王博一筹莫展的时候，他见到了一个认识不久的牌友，对方神秘兮兮地问他："想不想捞大钱？"这个正中下怀的提问立刻得到王博的回应。

牌友找到一个愿意借钱给他的人，两个人一起把他带进一家地下赌场。他拿着借来的一万元，平生第一次坐上了真正的赌桌。也许天生该是赌命，他的牌运好极了，仅十几分钟，就赢到手三四千块钱。那一刻，他忽然感觉像飘上了天，整个人被激动、兴奋悠悠地托了起来，轻飘飘的，那真是从未有过的舒爽。可是顷刻间，他又从天上掉入十八层地狱。庄家提议加大赌注，赢顺手的他举手赞成。然而，随着赌注越来越大，他的噩梦迅速降临，才几分钟时间，他赢的几千块钱连同借来的赌资就输得精光。心急火燎的他一心想捞本，可身上一分钱也没有了。此时，刚才借钱给他的人又向他伸出了"慷慨之手"。已经赌红眼的他顾不上多想，又借了三万元，并按债主的要求，当场打了借条。二十分钟不到，几万元又打了水漂。当时，输钱疯心的他完全失去了理智，一次次地借，又一次次地输。那天，他并没有盼来时来运转。短短一个晚上，他欠下了八万元的高利贷，巨债压顶，他依然做着翻本的美梦。可是，之前和蔼的债主突然露出了狰狞的面孔，不但拒绝借钱，还逼着他还钱。

面对高额的债务以及凶狠的债主，他才醒悟过来，自己掉进了圈套，捅了天大的篓子。他感到无比恐惧，只好像幽灵一样隐匿起来，过着有家不能回、有学不能上的黑暗日子。

找不到他，神通广大的债主转而找上了他的家门，拿出欠条向他的父母逼要。为了不影响儿子的学业，为了能让他从这次挫败中汲取教训，溺爱他的父母替他还了赌债，希望他能从此踏上正途。

平静的日子没过多久，那牌友和债主又找到了他，他们和颜悦色地说，找到了一条发财的好路子，希望与他合作。之前的挫败，没有让王博汲取教训，“一夜暴富”的美梦仍然在他的心头萦绕不去，经过一番金钱雨的虚幻沐浴，他禁不住花钱如流水的诱惑，再次步入歧途。

这一次，他从受害人摇身一变成了害人者。经过一番包装，他又上了赌场，同与他怀揣同样“梦想”的年轻人坐上了赌桌。一副看似平常的扑克牌，在他手里能锁定乾坤，要大就大，要小就小，牌的点数似乎能随着他的意念而变化。在交过手的赌徒眼里，他有特异功能，是能掌控赌场输赢的“赌神”，只要他一上场，就不会有输的时候。一帮赌徒既畏惧他，又折服于他。他与同伙不费吹灰之力，就把赌桌上的钱卷入了口袋。终于，王博过上了梦寐以求的日子，一边神采飞扬地扮演着“赌神”的角色，一边穿梭于各种娱乐场所，花天酒地，挥金如土。可是，谁也想不到，他手里拿着的是一副特制的牌，眼睛上戴着的是一副高科技的眼镜，这只是一个精心设计的陷阱。

尽管生活已经风光无限了，可他还是不满足，贪得无厌的他又被陷害欠下了 18 万元的高利贷。当同一债主又一次上门逼要时，盼儿子迷途知返的父母彻底绝望了，痛恨和无奈中他们下定决心把儿子送进了警局，希望法律能挽救他。

仅仅六个月，一名大学生从受害者演变为诈骗者。这一路走来，他被“一夜暴富，花钱如流水”的美梦诱惑，一步步滑向罪恶的深渊。

**思考题**

1. 你如何看待“有的人重点大学毕业后，却立业艰难，苦路漫漫；而有的人从未为谋生做准备，却一夜暴富，一生富有”这种社会现象？

2. 王博存在的哪些心理缺陷致使他一步步滑向罪恶的深渊？

**推荐书目：**

《谁动了我的青春》（作者：焦进平）

# 第五章

## 抵制诱惑

### ——自我预防之“安然走过无悔的花季”

## 预防目标

学会预防阅览、观看或收听宣扬色情、淫秽内容的读物、音像制品或网络信息等一般不良行为，以及传播色情、淫秽读物或音像制品，淫乱，卖淫等严重不良行为。

## 核心提示

* **淫秽出版物**是指在整体上宣扬淫秽行为，挑动人们的性欲，足以导致普通人腐化堕落，而又没有艺术价值或科学价值的出版物。

* **淫乱**是指性行为不加节制，故意放纵，违背传统性观念、性道德、性伦理。有些人为了追求刺激，甚至出现集体淫乱的情况。

* **色情、卖淫活动**是指为获取物质报酬（金钱、礼物等），以交换的方式有代价地或有接受代价之约地与不固定的对象发生的性行为。

随着年龄增长，未成年人腺体日趋活跃，激素水平出现剧烈变化，性意识觉醒萌动。现在的媒体非常发达，未成年人日常通过手机、网络、电视等传媒接触的信息量大且面广。他们好奇心强，容易受到铺天盖地的信息影响，如果不善加引导，很可能形成不良的思想行为，甚至会从事传播淫秽读物、音像制品及淫乱、卖淫等非法活动。

那未成年人怎样做才能自觉抵制这些不良影响，安然度过青春期呢?

## 一、案例解析

### ◎典型案例：魔鬼的诱惑

案例1：河北省唐山市曾曝出一起恶劣的淫乱事件。几名中学生在一起看了几部色情录像带，随后，其中几名男生与一名女生进行了淫乱，而女生也未觉得受到了性侵害，甚至与这些男生保持了数月的关系。一方面，学校、家庭对未成年人性教育重视不够；另一方面，学生对学习不感兴趣，互相讨论性幻想，互相恶性感染，进而导致这些未成年人性道德不完善。在受到色情录像带刺激后，他们产生了强烈的性冲动而做出淫乱的不良行为。

案例 2：15 岁的少年殷某在冲动之下犯下重罪，让人扼腕叹息。一天，他在一家个体录像室内看了一部黄色录像片后，浑身燥热，无法自控。他想起比自己大两岁的堂姐正一个人在家，顿生歹念，就找了一个借口到堂姐家。殷某趁堂姐给他开门不注意之机，在堂姐身后用双手紧紧扼住她的脖子，致其窒息，然后强奸了堂姐，并用菜刀在她脖子上猛砍数十下，随后又翻箱倒柜，抢走家里的金银首饰，从而犯下强奸、故意杀人、抢劫等弥天大罪。这是一起色情淫秽制品毒害未成年人，进而诱发犯罪的案例。这个少年，在原始的本能受到不良诱导后，急于找到宣泄的对象，一阵血雨腥风之后，等待他的将是漫长的刑期。黄魔毁了两个年轻人的青春，毁灭了两个家庭的幸福，这个案件中凝重的血腥味令人窒息。

## | 法律与解析 |

《中华人民共和国预防未成年人犯罪法》第二十八条规定：本法所称不良行为，是指未成年人实施的不利于其健康成长的下列行为："……（八）阅览、观看或者收听宣扬淫秽、色情、暴力、恐怖、极端等内容的读物、音像制品或者网络信息等；……"

《中华人民共和国预防未成年人犯罪法》第三十八条规定："本法所称严重不良行为，是指未成年人实施的有刑法规定、因不满法定刑事责任年龄不予刑事处罚的行为，以及严重危害社会的下列行为：……（五）传播淫秽的读物、音像制品或者信息等；（六）卖淫、嫖娼，或者进行淫秽表演……"

《中华人民共和国预防未成年人犯罪法》将"阅览、观看或者收听宣扬淫秽、色情、暴力、恐怖、极端等内容的读物、音像制品或者网络信息等"列为九种一般不良行为的第八类，将"传播淫秽的读物、音像制品或者信息等"及"卖淫、嫖娼，或者进行淫秽表演"等列为九种严重不良行为的第五类和第六类予以防治，可见，这是未成年人不良行为的防治重点。下面我们来认识一下这几种不良行为。

宣扬淫秽、色情等内容的读物、音像制品或者网络信息等，被称为"黄祸"，是一种精神鸦片，它们会严重毒害未成年人的心理健康。处于青春期萌动的未成年人，已经有了初步的性启蒙，对性怀有强烈的好奇心；而色情、淫秽音像制品、读物，对性赤裸裸的描写，会对未成年人的心理、生理产生极大的刺激，形成极强的诱惑力。这些强烈刺激会激发未成年人的性冲动、性需要，由于未成年人尚不具备结婚的现实条件，性渴求无法得到合理的满足，就容易产生强奸、奸幼、嫖娼等性罪错。甚至有的未成年人因缺乏健康的性道德，会进行淫乱、卖淫等色情活动。

有的未成年人不仅自己收听、观看淫秽色情影视片、读物，还进行传播，造成更大范围的社会危害，让更多的未成年人成为淫秽读物和音像制品的受害者。有的甚至出售淫秽碟片、制作相关网站用于商业牟利，犯下更为严重的罪行。

有的未成年人为了追求刺激，甚至进行集体淫乱的活动。淫乱、色情、卖淫等活动严重污染了未成年人的身心，阻碍了未成年人的正常成长。对于满 16 岁的未成年人，这些就不只是严重不良行为，更会成为触犯刑法的犯罪行为。

## 二、预防方法

### (一) 掌握涉黄不良行为的发展过程

从阅览、观看、收听到传播宣扬淫秽内容的读物、音像制品或网络信息，再到进行淫乱或者色情、卖淫活动，是一个性质、危害性越来越严重的发展过程，如图 5.1 所示。

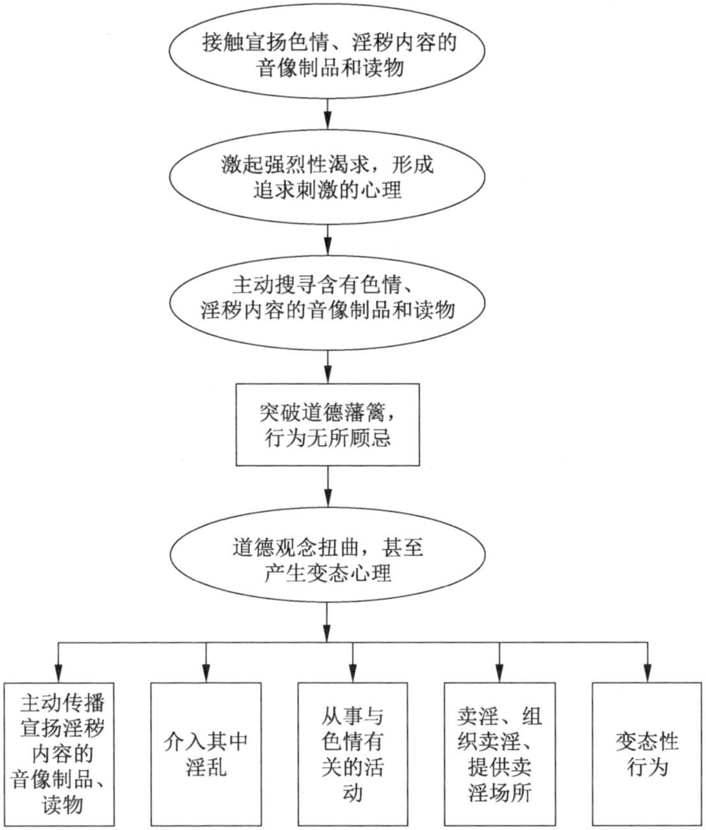


图 5.1 涉黄不良行为的发展过程示意图

### （二）剖析涉黄不良行为的形成原因

现在未成年人越来越早熟，而学校普遍重视应试教育，忽视性知识教育及性伦理教育，这些是导致部分未成年人出现以上不良行为的重要因素。

这些不良行为，虽然形成的过程不完全一样，但仍然有一定的轨迹可循，通常都会经历好奇—堕入—病变三个发展阶段。

1. 好奇阶段。未成年人性意识觉醒后，对于有关性的话题、视频、读物都有一种欲拒还迎的矛盾心理。一方面，他们认为接触关于性方面的事物，与自己的年纪不相符，容易受到家长、老师的指责；另一方面，他们有强烈的好奇心，想要知道性到底是什么，该如何面对。尤其是现在的未成年人普遍使用网络，网络上信息量庞大，信息内容也是良莠不齐，也有一些内容涉及色情淫秽。虽然国家加大了打击力度，但仍然难以完全消灭这些内容，因此，未成年人在网络上有可能接触色情淫秽图片、读物、视频。一旦未成年人出于好奇阅读或观看了这些不健康的读物、视频，可能会难以控制，越陷越深。

2. 堕入阶段。未成年人如果长期接触涉及色情、淫乱的视频、图片、读物，心理就会逐渐发生变化：由一开始只想简单地了解一下，到想得越来越多，甚至渴望亲身尝试。由于自我控制能力差，很难把握度的问题，也做不到悬崖勒马，就会沉迷其中难以自拔。沉迷时间越久，陷得就越深，以致无心学习，价值感低，渐渐形成消极、颓废的心理状态，明知会坠入深渊，自己却无力控制，也无法爬上去，最后只剩下绝望和痛苦。

3. 病变阶段。如果沉迷坠入其中时间过久，未成年人的心理就会产生严重的畸形变态，出现心理疾病。成年后一些严重的性生理疾病，如性成瘾症、性虐狂、性变态等，都和未成年时期过早接触并沉迷性欲有直接关系。出现这种情况时，教育引导的成效已经不明显，常常需要医生介入进行矫正。

### （三）选择科学的预防方法

性对于未成年人诱惑尤其大，加之未成年人自控能力差，因此预防才是避免性罪错的最好方法。未成年人可通过预防手段建立起心理防御体系，以正确的性爱观、道德观、价值观指导和调节性需要，正确处理人际交往。

1. 自我教育法。未成年人之所以会出现这些不良行为，很大程度上是因为缺乏性知识，并且不了解这些不良行为的危害性。国家有关部门、学校、家庭应帮助青少年掌握更多的性知识，加强对黄毒危害性的教育；同时，未成年人也要主动进行自我教育，了解一般性知识，对色情、淫乱、卖淫等不良行为给身体、心理、名誉、道德带来的严重危害有清醒的认知，做到心有畏惧，抵制诱惑，从内心深处筑牢防范堤坝，增强警惕性。

### 支招 加强自我教育

未成年人可通过网络学习“青少年性知识”“色情危害性”“淫乱危害性”“卖淫危害性”“婚前性行为危害性”“色情淫秽音像制品危害性”等，加强自我教育。

2. 心理咨询法。未成年人不可避免地会接触一些有关性的视频、读物，也可能会对性产生强烈的欲望，有时候会感到无法抑制，甚至因此产生心理问题。对于自己无法解决的困惑，不要过于压抑，否则可能会因为性心理困惑长期得不到解决，形成错误的认知理念，进而产生严重的心理问题。这时，未成年人要积极寻求心理咨询师、专业辅导老师及家长的帮助与支持，及时疏导心理问题，维护自身的心理健康。

### 支招 积极寻求帮助

心理困惑能否得到有效解决，关键是看未成年人自己是否有主观能动性，是否能主动配合。如果未成年人因害羞不敢提及，或者内心抗拒，那么无论心理咨询师、专家有多么高明，都无济于事。只有敞开心扉，主动配合，才能让别人走入内心，心理困惑才有可能得到解决。

3. 转移注意法。未成年人对性问题好奇是正常的，有些人之所以会深陷其中难以自拔，是由于对性问题投入了过度的精力和心神，久而久之便产生了心理依赖。未成年人应以学业为重，把注意力集中在如何更好地学习上，集中在如何提升各方面能力上，而不是过于关注这些生理需要。除了学习以外，也可以培养一些兴趣爱好，如体育运动、阅读、音乐等等，精力得到充分释放，就会减弱对性问题的关注。

## 支招 勤思考、树目标

未成年人要常思考“未来我要做怎样的人？”“我的理想是什么？”“期末我要考第几名？”“我要看哪一本好书？”“我要学习哪种技能？”等等。当理性思维占据主导，注意力就会转移到有助于人生发展的内容上去，从而减少性冲动、性幻想、性强化产生的可能，心理就会逐渐步入健康发展的轨道。

4. 环境隔离法。对于未成年人来说，最好的预防方法就是不接触那些容易令人产生性冲动的视频、读物、网站。

如果能做好物理隔离和环境净化，就能最大限度地降低他们受到的影响。

## 支招1 只上健康网站

如今，青少年获取课外知识与信息的主要途径之一是上网。如果家人、学校能给学生提供经过净化的绿色浏览器及健康网站，就能在一定程度上隔离色情淫秽的内容。如果没有这样的条件，也要选择浏览“新浪”“搜狐”“人民网”等主流网站，对于那些充满诱惑广告的网站，坚决做到不轻易点击。俗话说“好奇心害死猫”，在面对这些不良内容的时候，千万不要好奇，以免受到毒害。

## 支招2 不碰、不看、不好奇

色情、淫秽读物会给未成年人带来强烈的心理冲击，一旦接触了，就会像吸食毒品一样难以戒除。千万不要有“就看一次，下次再也不看了”这种非常危险的想法。很多吸食海洛因的瘾君子，就是因为好奇才有了第一次，之后就再也无法控制了。对黄毒免疫力较弱的未成年人，“不碰、不看、不好奇”就是最好的预防方法。

## 三、阅读思考

### 材料一

有些青年错误地认为，20 世纪 90 年代的恋爱方式就是动辄发生性关系。

有的女青年说："常规的爱不完整。真正的爱，应该体现出博大。既然爱他，那我什么都可以给他。""爱就该给被爱者自由，何必等到结婚以后。""已经 90 年代了，含情脉脉没意思，我要走在历史的前面。"这些想法都是极为错误的，很容易带来性泛滥，甚至给淫乱、卖淫创造条件。

[摘自网络（有修改）]

### 材料二

青春期性意识常表现为以下四个方面：

1. 对异性的暂时疏远。青春期开始，由于两性生理方面的差别日益明显，男女学生会产生一些不安和害羞的心理，因而在接触中会出现短暂的疏远。

2. 渴望了解性知识。随着身体的发育，男女学生对第二性征的出现产生了好奇、不安，甚至恐惧的心理，由于性知识的缺乏，还会产生神秘感。他们想要了解身体变化的奥秘，这是自然而正常的。由于渴望了解性，各种生理卫生和医药书成了青少年寻找答案的工具；他们对文学艺术作品中爱情的描写及其表现手法也极为敏感。有的青少年原本想通过黄色淫秽书籍了解性知识，结果在思想上受到腐蚀，这是要引以为戒的。

3. 对异性产生好感。在性意识发展过程中，男女同学会产生一种彼此要求接近的需要，产生互相吸引的心理，表现为希望引起异性的注意和好感、男女同学喜欢接近等。

4. 模仿性的“初恋”。由于性意识的萌发和社会环境的影响，男女同学开始初步树立自己的愿望和理想，在此基础上建立起男女间两种不同的感情：一种是在共同追求理想的基础上建立的纯真友谊；另一种则是对爱情的追求与模仿，即所谓交异性朋友。这种交朋友还只是一种模仿行为，具有对象不固定，没有深厚的感情基础，不懂得感情的专一性和排他性，盲目地模仿一些从影视作品和读物中习得的动作，也不懂这种模仿带来的严重后果等特点，因此，还谈不上“初恋”。

以上种种表现说明，处于青春期的男女学生产生性意识是一种正常、自然的现象。如果你在自己身上发现类似的现象，不必感到不安和自责，但由于青春初期各方面还不成熟，要注意这种感情不能任其发展，要善于控制自己，更要防止社会上种种不良影响的诱惑。

（摘自《青春期性意识表现透视》，作者：姚德鸿）

**思考题**

1. 以上内容都与青春期心理有关，读完你有何启示？

2. 反思自己是否有偷看色情、淫秽视频、读物的经历。如果有的话，你今后该怎么做？

**推荐书目：**

《花季·雨季》（作者：郁秀）、《男生贾里全传》（作者：秦文君）

# 第六章

## 日省吾身

### ——自我预防之“积极思考每一个选择”

**预防目标**

学会预防迷恋崇拜、盲目从众、追求刺激等不良行为，培养健全的自主思维和自我认知。

**核心提示**

* **思维**是指人脑对客观现实概括的、间接的反映。它反映的是事物的本质和事物间规律性的联系，是认识的高级形式，包括逻辑思维和形象思维。思维能力是人的重要能力之一。

* **迷恋崇拜**是指不了解、无目的地喜欢某物或佩服某人，并过分夸大地将其作为自己追求的目标。过分迷恋崇拜是典型的缺乏自主思维和自我认知能力的表现，影响人的行为选择。

* **从众**是人类由于其社会性而存在一个非常普遍的现象，经常在一起交流的人由于互相影响，往往具有类似或者相近的思想，容易改变个人意见而与多数人形成一致认识的行为倾向。跟风从众行为容易弱化自我的主体意识，若受不良环境影响易导致其他不良行为。

* **认知偏差**是指人们根据一定表象或虚假的信息而对他人做出判断，从而出现判断失误或判断本身与判断对象的真实情况不符。避免认知偏差的根本办法是强化自我认知能力，对认知对象进行全面、准确、科学的观察、掌握与判断，其中自主思维起主导作用。

一个人的“眼界”通常包含两方面的意思：一个是向外去，无限宽广地拓展世界；另一个是向内来，无限深刻地发现内心。人的一生就是在走一条充满艰险的道路，这条道路上有许许多多的分叉口，做出明智的选择走上正确的道路，便能克服困难，走出一条光明的康庄大道。反之，一朝不慎做出错误的选择，则可能要面对更多的荆棘，通往光明的道路上徒生许多坎坷。因此，在前进的过程中，记得擦亮自己的双眼，多观察，多思考，多领会，多感悟。曾子说“吾日三省吾身”，意思是“我每天多次反省自己”，因为积极思考是避免行为过失的方法之一。

## 一、案例解析

### ◎典型案例：畸形的爱

青春期正是花一样的年纪，这个年纪的少男少女既天真烂漫，又敏感倔强。他们既对外界事物有无限的探知渴望，又因为心智尚未完全成熟，容易出现一些错误的认知和思想。认识引导行为，错误的认知思维可能影响未成年人的一生。巴南区南泉的 17 岁少女小敏（化名）就是一个陷入迷恋崇拜不能自拔、自主思维能力十分欠缺的女孩。

小敏因自己最崇拜的偶像张国荣跳楼身亡而弃学回家，她无法面对这个没有“哥哥”的世界。她把自己关在屋里两年，足不出户，屋里播放的都是张国荣唱过的歌，墙上贴的都是张国荣的海报。小敏觉得张国荣就在屋里，她拒绝承认张国荣已经离世。为了挽救女儿，母亲将心理医生请进了家门。“小敏的沉默是从张国荣死后开始的。”谈起女儿的反常史，母亲刘女士一声叹息。小敏 15 岁升入初三时，恰逢学校调班，班级调整后，作业相对较多、压力较大，每天回家她都沉着脸。小敏的同学经常在一起议论张国荣，很多女生都喜欢他，以他为偶像。小敏觉得别人都知道的人和事，自己却插不上话太没面子了，于是她要求母亲买了几盘张国荣的磁带，说休息时听。从此，小敏迷上了这位经常出现在电影和电视剧里的“翩翩公子”“浊世英雄”，她把了解张国荣作为自己很“时髦”、很“摩登”的象征。小敏想尽办法搜集张国荣的各种信息，并在言谈举止中把张国荣奉为自己的偶像。【盲目从众】

自那以后，小敏每天放学回家都要听张国荣的歌，只要听说张国荣有新歌发行，或者有电影上映，无论如何都要想办法买到磁带或电影票，甚至装病旷课去看电影。小敏的房间里贴满了张国荣的照片，并不允许任何人碰这些照片。有一次小敏的母亲为小敏打扫房间，不小心弄乱了照片。结果小敏大发脾气，禁止母亲再靠近自己的“偶

像”。【迷恋崇拜】

2003年4月1日晚，张国荣跳楼自杀，知道消息的第二天，小敏就向母亲提出辍学的请求，称自己承受不了学习压力，并威胁母亲说“如果你强迫我上学，我就死给你看！”见此，家人只能无奈地答应她休学在家。哪知道，自从小敏走进自己的小屋，竟两年闭门不出（除了出来和家人一起吃饭），不管什么人来找她，她都不见，任是谁来劝她，她都听不进去。邻居张大嫂说：“一天到晚只听到她在屋子里放张国荣的歌，有时同一首要反复放上百遍，这孩子入魔了吗！”【思维偏执】

休学回家的初期，小敏只是把自己关在屋里听听歌，然而时间久了，她的行为渐渐变得异常——她羞于照镜子，甚至让母亲把屋子里所有家具上的玻璃都卸了下来。原因是她怕自己太丑，以后无法与张国荣相会。“她让我帮她做的唯一的事情，就是每隔一个月买一次减肥药。”刘女士说，从一年前开始，小敏就不再和她说话了，只是每到月底就交给她一张字条，上面写着要买的减肥药的品牌和数量。如果不满足她的要求，她就绝食。小敏除按时服用减肥药外，还把作息时间给颠倒了——白天酣睡，晚上自娱自乐，有时还一个人在屋里一会儿笑一会儿哭。她最大的愿望就是有朝一日能与张国荣相会。“她说要变漂亮了，才敢去见张国荣。”【认知偏差】

两年闭门不出，一年狂吃减肥药……看着女儿精神日渐萎靡、身体日渐消瘦，刘女士再也按捺不住了。她将心理卫生中心的主任蒙教授请进家门，希望他能拯救小敏。头天下午，由于小敏拒绝与母亲交流，只能让邻居张大嫂前去说服小敏见见医生。经过张大嫂一个多小时的劝说，她才答应与医生对话。然而，令蒙教授感到意外的是，小敏竟要求躲在门背后和医生交流。为了不让小敏有逆反心理，蒙教授接受了她的谈话方式。小敏告诉医生，张国荣是她暗恋的偶像，他的死犹如晴天霹雳打乱了她的生活。她无法接受没有张国荣的世界，感觉自己的世界一下坍塌了。她在课堂上无心听课，为他偷偷流泪。为能与自己的“偶像”日夜相处，她选择了弃学回家，整日听张国荣的歌曲，并开始“闭关减肥”，希望有朝一日能与张国荣相会。蒙教授说，从症状上分析，小敏因追星患上了轻度精神分裂症，加之家人对此问题处理不当，才使其病情渐重。【抑郁】但是，她的病情可以通过心理和药物治疗得到控制。

## 原因与教训

1. 情感沉迷，不能自觉。小敏是初三的学生，班级调整后学习任务相对繁重，因而承受着非常大的心理压力，每天在枯燥的学习生活中焦虑地度过。当代未成年人生活在一个物质丰富而情感相对贫瘠的环境里，紧张、繁忙的现代生活使他们的父母很少有时间关注他们的内心世界；而他们正处于心理断乳期，内心敏感，情绪波动很大，极需要情感抚慰与思想交流。他们需要平衡自己，需要诉说内心的种种体验和对青春的种种感觉，诉说友情的失落，诉说朦胧的爱情，诉说成长中的种种烦恼以及伴随青春而来的种种苦涩。这时，以优美的歌喉动情地吟唱温馨的情感、美好的未来、艰辛的人生的歌星们款款而来，他们形象时髦，歌声婉转、真诚、直逼心灵。在这歌声中，未成年人仿佛听到了来自心灵深处的自言自语，好似自己的迷惑与憧憬都得到了回应，一时间歌星成了未成年人最遥远而又最亲近的朋友。本案例中，小敏妈妈送给小敏的几盘张国荣的音乐磁带，无疑成了她孤单生活中唯一的心灵寄托，这种过度的感情寄托得不到分散，父母也没有给予适当的关注，才导致小敏沉迷其中难以自拔。

2. 思维偏执，不能自已。青春期通常是指 11~18 岁的年龄阶段，处在青春期的少男少女在行为、举止、认识等方面都会发生巨大的改变。这群半大不小的孩子，对很多事物都很好奇，判断是非的能力又不强，很容易误入歧途。青春期少男少女的思维和行为都表现为自发地要求摆脱父母的支配，独立自主地按个人意志行动。但是，这一时期的他们还缺乏对是非的识别和判断力，常用天真的、不完整的主观认识和愿望来衡量客观世界，因而往往会失去理智，无法控制自己的情绪。因此，除了未成年人自身要做出相当大的努力外，他们还需要社会、学校、家庭的帮助，才能安然度过“心理断乳期”的危机。青春期的心理卫生对青春期的未成年人来说意义重大。青春期是从孩童走向成人的一个必经过程，每个人的世界观、人生观、价值观就是从这个时期开始建立起来的。小敏正处于青春期，内心还不成熟，因为缺乏心理健康知识，所以无法对自己进行心理疏导，更不能对自己的行为进行很好的反思。小敏没能意识到自己的行为存在的问题，陷入思维认知的怪圈不能自已，家长和学校也未能及时运用恰当的方式帮助小敏正确认识自我、认识世界，最终导致了悲剧的发生。

3. 认知偏差，不能自省。张国荣自杀后，小敏放弃了学业，她潜意识里认为自己是因为学习压力大而辍学，不是因为张国荣的死亡令自己难以接受。辍学回家后，小敏的行为渐渐变得异常——她羞于照镜子，甚至让母亲把屋子里所有家具上的玻璃都卸了下来。原因是她怕自己太丑，以后无法与张国荣相会。事实上小敏长得不仅不丑，还很漂亮，说明她一方面无法接受自己的偶像已经死亡的现实，另一方面也对自己产生了错误的认识。她每个月让母亲买一次减肥药，如果不满足她的要求，她就绝食。小敏最大的愿望就是有朝一日能与张国荣相会。小敏的母亲说："她说要变漂亮了，才敢去见张国荣。"而事实上，小敏不可能再见到张国荣了，她活在了自己的精神世界中，产生了不可能实现的妄想，而这种错误的认知常会导致严重的后果与危害。只有常思我心，自觉反省，才能尽量避免错误蔓延。

自主思维能力是未成年人在成长中形成的一种宝贵品质，只有具备自主的思维、认知和控制能力，才能有效防治迷恋崇拜、思维偏执等不良行为。积极思考，正确认识自己、他人和社会，对未知的事物持一颗敬畏之心、探究之心、反思之心，才能把握真理，纠正错误的认知。未成年人正处于心理成长关键期，更应该积极思考，"日省吾身"，让自己健康成长。

## 二、预防方法

任何以往或现实的道德认识和行为都不是最高的权威，人们可以并且应该运用自己的智慧对它们进行审查。正如苏格拉底所说的，"人间没有什么是不可以质疑和挑战的"。我们要用自己的智慧、用批判性的思维对一些事情进行审查与判断。尤其是在海量信息充斥生活的今天，自主思维和自我认知的能力更显得弥足珍贵。未成年人心智尚不成熟，更需要擦亮眼睛，认真思考每一个选择。

### （一）自主认知

生活中总有一些时刻需要我们做出抉择，而要做出正确的抉择，就需要具备大量相关的知识和相对丰富的阅历。丰富的知识和阅历是我们可以凭借的臂膀，有助于我们慎重选择自己的人生。首先，未成年人要多阅读书籍，做到熟读教材，精读经典，泛读文史。广泛的阅读面有助于未成年人夯实知识基础，增强文化底蕴，也有助于未成年人更多地了解自己已有的知识基础和后续需要学习的内容。其次，要关注生活，关注时事。不仅要关注国内外发生的政治、经济、军事、科技等大事，还要关注发生在自己周围的热门事件，拓宽自己的视野，更要善于捕捉与自己的人生发展密切相关的信息。最后，要积极参加教育学习，通过系统规范的训练来培养自己准确判断事物的能力。丰富知识的过程也是提高自我认知能力的过程，学习的目的不仅在于掌握更多的知识，更在于提高自主思维和辨别是非的能力。

### （二）辩证思维

世界上所有的事物都有其两面性，没有绝对的对与错。如果你总是想到不好的东西，也许是因为你过得并不是很快乐，或者你生活的环境不是很乐观，但人生就像天气一样，我们不会一直面对阴天，也不可能永远拥有晴天。当遇到复杂艰难的局面时，要想从困局中突围，首先需要沉着冷静，稳住阵脚，然后再仔细研究解决问题的方法。如果心慌意乱、不知所措就容易出错，使复杂的局面变得更加复杂。要善于让自己专注于问题的解决，排除情绪干扰，承认现实生活中的不足之处，并通过自己的努力去弥补这种不足；要让大脑能够轻松、愉悦地思考，使自己的聪明智慧与潜能得到最佳的发挥。“一念天堂，一念地狱。”无论局面看似多么复杂艰难，总会有最佳的解决办法，关键是看你怎么想。未成年人要学会用科学辩证的思维来处理和解决生活中遇到的问题。其实，有时候困惑多是因为眼界不够开阔，井底之蛙怎么能知道什么叫海阔天空呢？

### （三）理性思考

“三思而后行”，这句名言来自《论语》。阅读《论语》，可以净化内心，升华气质，使人不断受到启迪，不断走向成熟、走向成功，避免人生留下太多的遗憾和悔恨。

做人和处事是每个社会人都必须学会的。人生中会遇到许多事，有些事必须自己去处理，去面对。但当事情真的发生在自己身上时，我们该如何处理？是冲动而为还是三思而后行？虽说事情有轻重缓急，但是不管是什么事，我们都要冷静面对，千万不要冲动。常言道：“一着不慎，满盘皆输。”当生活中需要做出选择或实施行动时，必须先将自身情况与客观条件相结合，认真思考每一个选择可能产生的结果，权衡利与弊，然后再采取行动，并审视自己的行为是否合适。做到“先动脑、后行动”，不做鲁莽的事，不说冒失的话。只有对自己的言语行为负责，才能取得良好的成就，展现优秀的个人素养。

## 三、阅读思考

### 材料一：最后的较量

两辆汽车并排停着，引擎已被发动，吉姆和布兹各自钻进一辆车。关上车门，将油门一踩到底，两辆车风驰电掣般地冲向悬崖。眼看就到了悬崖边，幽深的峡谷已出现在两人眼前，最后抉择的时间到了——他们必须在车子坠入深渊前跳出驾驶室。

然而，吉姆和布兹进行的是生死勇气的较量，谁先跳出来，谁就算输。车头已冲出悬崖，在这生死攸关的一瞬间，吉姆撞开车门，一头栽到地上。布兹获得了胜利，但他的车子已冲出了悬崖边缘，跌进深渊——他付出了生命的代价。

这是电影《无因的反叛》中的一幕，詹姆斯·迪恩扮演的吉姆，是 20 世纪 50 年代狂野放浪青年人的代表。这一代青年，追求个性解放和自我价值的实现，为此不惜采取极端行为，将所谓的“冒险精神”发挥到极致，甚至把生命当儿戏。

(摘自《人生与伴侣》，2007 年第 8 期)

**思考题**

1. 文中“无因的反叛”指的是什么？
2. 生活中，你是个喜欢寻求刺激的人吗？
3. 如果是你，你愿意做吉姆还是布兹？

### 材料二：盐价为什么飞涨？

2011 年 3 月 16 日，盐价突然猛涨，原价每包 1.5 元的食盐涨到每包 10 元，并且很多地方竟然没有食盐出售，商家表示卖空了。中国因日本海啸核爆炸引起缺盐的消息纯属谣言，是部分奸商散播不实信息以谋取不正当利益的行为。而导致食盐缺货的原因有两个：其一，部分厂商囤积抬价；其二，群众被谣言误导，抢购导致暂时性断货。

针对一些群众为补碘盲目抢购碘盐的情况，国内权威卫生专家表示，碘盐中的碘含量相对较低，无法起到预防放射性碘的作用。不根据实际情况、盲目过量地吃碘盐对身体有害无益。而针对海水受辐射污染这种担忧，相关业内专家称，从目前监测情况看，中国海域被污染的可能性很小。并且，中国食盐大部分是矿盐，矿盐资源充裕，供应不成问题。即使是海盐，亦远离日本，被污染的可能性也很小。

**思考题**

1. 如果你听到了这个消息，会去买盐吗？

2. 你觉得群众为什么会疯抢碘盐？

3. 在面对各种信息冲击时，你能做出明智的选择吗？

**推荐书目：**

《论语》《傅雷家书》

# 第七章

## 敞开心扉

### ——自我预防之“发掘自身人性的优点”

### 预防目标

学会预防逆反、抑郁、自卑等消极心理产生的不良行为。

### 核心提示

* **逆反**是一种心理现象，对遇到的事情盲目地持反抗、抵制与排斥的态度，通常与当事人的意愿或多数人的反应完全相反。逆反心理在未成年人成长过程中通常表现为对正面教育做出不信任的反向思考，与教育者（特别是父母）“顶牛”“对着干”，对规章制度持消极抵制、蔑视的态度，而对不良倾向却持认同感。

* **焦虑**是一种常见的情绪状态，焦虑者处于一种紧张不安、提心吊胆、害怕、忧虑的内心体验中，同时会伴有自主神经功能亢进的表现，像心慌、气短、口干、出汗、面色潮红等生理症状，有时心里面极其难受，严重时还会有失控感。如果得不到及时正确的诊断和治疗，就会反复发作，严重影响正常的学习和生活。

* **自卑**是一种消极的自我评价。自卑的人往往对自己评价过低，总感到事事不如人，怀疑自己的能力，怯于交往，同时可伴有一些特殊的情绪体现，诸如害羞、不安、内疚、忧郁、失望等。自卑主要来源于对自己缺乏正确的认识，严重的自卑会导致抑郁甚至产生伤害自我的行为。

一个人面对外面的世界时，需要的是窗子；一个人面对自己时，需要的是镜子。通过窗子可以看见世界的明亮，通过镜子可以看见自己的闪光之处。生活不可能一帆风顺，在未成年人成长的过程中，困惑、烦恼、失望总会不期而遇，苦难和挫折也是生命的一部分。未成年人要努力挖掘人性中美好的东西，敞开心扉让人生在逆境中也光彩四溢。

## 一、案例解析

### ◎典型案例：有一种爱，我们还很陌生

一位著名的心理学家说过："很多时候，伤人者，必先伤己。"未成年人最突出的心理状态之一，就是对压力和挫折过于敏感，看待问题的片面性使之产生逆反心理，不惜采用毁灭的方法来释放自己。

某年元宵节的第二天，河南郑州市，17岁的小王残忍地杀害了自己的母亲。小王出生在郑州市一个普通工人家庭。他学习成绩好，是该市重点中学的学生，在父母眼里，他非常优秀，亲戚、邻居一提起他都赞不绝口。

就是这么一个优秀的孩子，却用极其残忍的方式杀害了自己的亲生母亲。事后小王在供述中称："早就有过杀死

她的念头。她管我的学习比较多，因为学习的事我和她吵过很多次。整个寒假我都在补习，杀了她我不后悔，我可以不用学习了，不用压力那么大了。”

小王偏激的想法不是一天两天形成的。中考那一年，模拟考试时小王的成绩落到了班级的三十多名，压力和挫败感冲击着他的内心世界，使他感到疲惫，甚至想放弃中考。【压力】

一次，小王无意中听到了妈妈和老师的谈话，老师说只要他在最后阶段再努力一把，考上重点高中没有问题。妈妈说:“别说重点高中了，我看他考普通高中都危险。”小王忽然对自己失去了信心，自卑成了小王的精神枷锁，使他感到痛苦和消沉，每天晚上对着书本到12点，却什么也看不进，什么也记不住。妈妈的话彻底打破了小王心底的宁静，考不上高中的担忧占据了小王的内心。【焦虑】

模拟考试后，在家庭经济状况紧张的情况下，妈妈依然为小王请了家庭教师补习，无论是周末还是寒假，小王每天都在忙碌地学习中，在自卑、焦虑和压力中挣扎度过，他把妈妈的爱理解成了对自己最大的威胁和压力，小王经常想:“你让我学，我偏不好好学，要是妈妈不在了，这种压力也就不存在了。”【逆反】

从初中升入高中的这段时间里，杀死妈妈的念头一直在小王心中盘旋。后来，小王通过自己的努力顺利地考上了当地一所重点高中，但和初中相比，高中的学习更加紧张，竞争压力也越来越大，小王的母亲对他的学习也抓得越发紧了，这时，小王杀害母亲的想法也越来越强烈。由于每次考试成绩都不理想，他变得越来越沉默，不愿再与他人交往，也没有一个好朋友。【自卑】

在一个下着小雨的阴霾天气里，小王的爸爸外出打工了，因为学习的事情小王又和妈妈争吵起来，一怒之下，小王用锤子、小刀和鞋带残忍地杀害了自己的母亲。【犯罪】

小王的老师说，平时开家长会都是他妈妈来。每次见面，都感觉他妈妈很高兴。下班回家时，经常见小王妈妈骑着电动车来接他。

小王的父亲说，妻子性格外向，对儿子责任感强，一直在家带儿子，没有上过班。家里的开支全靠他一个人的收入。可以说，妻子把全部精力都放在了儿子身上，对儿子的要求非常严格，学习抓得很紧，因为学习的事，他们娘俩经常吵架。

然而，就是这种全心全意的“母爱”，却引发一个令人痛心的家庭悲剧。对于小王而言，从此，他便失去了这个世界上最关心他、爱护他的人，他把母亲的爱当成了压力，并采用极端叛逆的方式来缓解自己的压力。亲爱的朋友，请认真想一想：小王今后就真的没有压力了吗？

## | 原因与教训 |

1. 面对压力，排解无方。母亲的期望，让小王每一次考试都有很大的压力，却没有掌握排解压力的正确方法。随着考试的压力越来越大，他对母亲的怨恨也越来越深，并且长期找不到合理的宣泄方式。

2. 陷入焦虑，思维失常。高中学习的压力，让小王渐渐陷入过度焦虑的情绪状态，并产生了强烈的挫折感，因为怕同学瞧不起，所以不愿意交朋友，社交能力退化，思维失常。

3. 心理逆反，扭曲母爱。长期面对母亲管教的压力，小王逐渐产生了逆反心理，对母亲的怨恨日益加深，逐渐萌生杀死母亲的念头。他把母亲倾注在自己身上的爱当成最大的压力，并认为，只要母亲不在了，这种压力也就不存在了。

4. 深感自卑，无法自控。高中学习更加紧张，竞争压力越来越大，母亲对小王的学习越抓越紧，小王的自卑心理也越来越重，他自己没有能力处理这种情绪，也没有积极寻求帮助，而是任其发展，以致自感前途无望，生活迷失方向，最终钻进牛角尖不能回头。

5. 实施犯罪，走上绝路。随着杀母的想法越来越频繁地出现在脑海中，“杀母”便在不知不觉中发展成为小王稳定的心理结构，标志着小王的犯罪心理已经形成。与母亲的争吵成为杀母的诱因，爸爸的外出又为其创造了杀母的条件，这让小王杀母的心理冲动一下子爆发出来，整个人失去理智，不能自控。最终，小王杀母的犯罪心理还是外化成了杀母的犯罪行为。

小王的犯罪，带给人们的教训是深刻的。未成年人正经历着生理、心理等多方面的巨大变化，社会、学校、家庭除了要帮助他们了解、适应这些变化之外，更要让他们学会去理解、包容自己和他人的不完美，去感受生活中的真善美。如果小王能从另一个方面去理解，把母亲对他的管教看成是爱的表达，是用督促、提醒的方式来帮助自己成长，并自发地让母亲的管教成为提升自己生命价值的动力，悲剧也许就变成喜剧了。人生是一场单程旅行，很多事情不能逆转也无可挽回。在这场“旅行”中你会面临各种选择，选择的结果是幸福还是悲伤，是快乐还是痛苦，一切都在自己的一念之间。小王因为一念之差，便再也无法感受到母亲对他那无微不至的关怀和爱了。

## 二、预防方法

未成年人预防逆反、压力过度、自卑等消极心理，可以尝试以下方法。

### （一）学会去爱

如果你在成长的过程中遇到这样一些人，他们在生活上满足你、学习上督促你，当你犯了错误教育你、遇到挫折帮助你、走了弯路不放弃你，那么我想告诉你，这是你的幸运，你将因此而得到成长。如果不能正面理解和接受这种无私而伟大的爱，则必将阻碍自己的成长。理解爱，也是一种能力。有一种爱，我们称之为管教之爱，这种爱不求回报。对于父母或师长的管教，未成年人在尊重理解的基础上，应该认识到他们是凡人，不是圣人，既如此，就该允许他们有不完美的地方，甚至有“我们认为的错误之处”。父母管教孩子的出发点总是好的，是为了让孩子有更好的前途。所以，要学会去爱，爱亲人、爱朋友、爱自己，当爱占据你的心灵时，压力和挫折感就没有生存的空间了。在面临抉择之际，一个懂得爱的人不会一味选择自由，而是会承担自己应承担的责任，这是取得人生胜利的秘诀。

### （二）排解压力

压力是未成年人日常生活的一部分，因此学会排解压力是人生的一门必修课。未成年人要调整好心态：倘若心态积极，自我压力感就会减轻；相反，假如心态消极，自我压力感就会加重。

如要做到心态积极，可以尝试以下方法：

1. 转换思维方式。学会从积极的方面思考问题，而不是遇到问题就把结果想得比较糟甚至糟糕透顶。生活中，有些人看起来格外轻松自在，原因就在于他们懂得乐观面对——总是考虑事情好的方面，相信事情可能出现好的转机。

2. 正确对待批评。未成年人在生活中不免会受到老师、家长的批评，应该学会从积极的方面看待这些批评，让它们成为成长的动力而不是压力。

3. 不做完美主义者。具有完美主义性格的人，通常会因为事情的发展或者结果没有自己想象中那么好，而备感失落、情绪紧张。其实，有些时候有些事情尽力去做就好，目标不要定得太高，也不要超出自己的能力范围。只要努力拼搏，你会发现过程远比结果重要。

### （三）肯定自我

每个人的“自我”都有很多元素组成，性格、能力、爱好、经验、情绪……每个人都有自己更擅长的方面。如果仅仅因为一次考试失败或因为某人的一句话就失去自信，否定自我，忽略了自己其他方面的优点，那就是以偏概全。对于一个学生来说，学习好固然很重要，但心态好、人缘好、有爱心、有思想也非常重要。因此要学会肯定自我，学会用平和的心态、冷静的头脑对待周围的一切，通过自身的优势、长处来证明自己。有了这种心理准备，在困难和矛盾面前你就能主动调整自己的心态和言行，也就不会有那么大的压力感了。

**（四）驱散自卑**

一个人一旦被自卑所控制、俘虏，他的进取精神就会被扼杀。如果经常感到自己很失败，感到自己什么也不如别人，就应及时将注意力转移到自己感兴趣或擅长的事情上，以从中获得成功、喜悦的体验，驱散自卑的阴影，并用自己的行动证明自己的价值和能力。当你感到自卑时，要多想想，人生在世本是一种幸运，每个人都有自己的价值，总能找到属于自己的位置。自信是战胜自卑最好的办法。自信是对自己能力的充分肯定，是未成年人成长和成才不可缺少的心理品质。但自信不是盲目的，它来源于自身的能力，只有取得一连串的成功之后，你才会肯定自己的能力，进而建立自信。另外，自信并不是自傲。自信必须建立在现实的基础上，是在实践中证明的。如果一个人学会了自信，自卑就会从此与他“分手”。

**（五）主动宣泄**

未成年人在面对学习的竞争压力、面对父母的严格管教、面对自我接纳的问题时，常会觉得内心矛盾、心中不畅。有时候表面上事情好像过去了，可内心始终接受不了，压抑久了，就会产生内心冲突，焦虑、抑郁、恐惧等不良情绪随之而来，“行囊”越来越重，甚至感到举步维艰。

这时，一定要积极寻求帮助和指导，主动敞开心扉，通过和信任的人倾诉，或通过自娱自乐、体育活动等方式将不良情绪释放出来，以缓解或消除压力。当然，宣泄的闸门不可任其乱敞，文体活动也不可没有节制。校有校纪，家有家规，个人也要自律。所以，要合理地选择情感宣泄的时间、地点、对象和方式，做到既不违背社会规范和纪律，又不压抑自己，让自己的心理情感得以合理抒发。

## 三、阅读思考

### 材料一：人性的弱点

一个从小练习芭蕾舞的女孩决定将跳舞作为终生职业。但她很想搞清楚自己是否有这个天分。于是，当一个芭蕾舞团来到女孩居住的城市时，她跑去求见该团团长。

女孩说："我想成为最出色的芭蕾舞演员，但我不知道自己是否有这个天分。"

"你跳一段舞给我看。"团长说。五分钟后，团长打断了女孩，摇了摇头说："不，你没有这个条件。"

女孩伤心地回到家，把舞鞋扔到箱底后再也没有拿出来穿过。后来，她结婚生子，当了超市的服务员。多年后，她去看芭蕾舞演出，在剧院出口又碰到了当年的团长。她想起当时的对话，于是给团长看了自己家人的照片，并聊起现在的生活，她说："有一点我始终不明白，你怎么那么快就知道我没有当舞蹈家的天分呢？"

"哦，你跳舞的时候我几乎没怎么看，我只是对你说了对其他所有人都会说的话。"

"这真不可饶恕！"她叫道，"你这句话毁掉了我的生活，我原本可以成为最出色的芭蕾舞演员的！"

"我不这么认为。"老团长反驳说，"如果你真的渴望成为一名舞蹈家，你是不会在意我对你所说的话的。"

（摘自《思想政治课教学》，2008 年第 7 期）

**思考题**

1. 文中女孩的弱点是什么？
2. 你认为，应该如何正确对待别人的评价？
3. 你认为，应该如何做到对自己负责？

## 材料二：生命难以承受之重

生命对于每一个人来说只有一次，生命能够承受多大的重量，生命有着怎样的韧性，其实我们是弄不清楚的，而我们常常看到的是生命的脆弱。

16 岁的小刚是一名初三学生，父亲在他小的时候就因病去世了，他和妈妈生活在一个 80 平方米的房子里，靠妈妈每月 2000 多元的工资生活。在残缺的家庭长大，小刚总觉得自己比别人矮一截。

在小刚的记忆里，他经常受到同学的欺负，他觉得自己哪方面都不如别人，没有父亲的保护、没有富裕的生活、没有完整的家庭，妈妈清洁工的工作也不体面。所以，小刚没有朋友，总喜欢独来独往。

在小刚眼里，妈妈是个严厉的人，对小刚的学习抓得很紧，要求他一定要考上重点高中，还请了家庭教师，每个周末给他补课。小刚对自己的要求也很高，平时学习很努力，考试只要落到班级三名以后，就会很着急。因此，对待每一次考试，小刚都很认真。初二时有一次测验，小刚在班级排名第七，为此他难过了很久，很长一段时间他吃不下饭、睡不好觉，对什么都产生不了兴趣。

到了初三，小刚觉得学习压力更大了，老师和妈妈还不断要求他取得更好的成绩，难得的周末都在补习中度过。小刚觉得自己快要喘不过气来了，他常常感到头晕，觉得身体哪儿都不舒服，注意力难以集中，老是丢三落四，对学习产生了厌烦情绪，甚至想发火，可又不知朝哪儿发。

还有一个月就中考了，小刚已经承受不了这样的压力了，他担心自己考不好，担心妈妈责骂，担心无法面对失利后的自己，他觉得死才是最好的解脱。一个阳光明媚的早晨，小刚觉得自己太累了，他没有去上学，而是站在阳台上看着金色的朝阳。他知道，这样的朝阳再也不属于自己了，他要到另一个轻松的世界去了。就在这样一个清晨，小刚毫不犹豫地从六楼跳了下去。

十六岁的花季少年就这样陨落了。生命一旦结束，便无法重新开始。既然生命如此珍贵，我们更应该好好地珍惜它、利用它、充实它，让这宝贵的生命散发出真善美的光辉，映照出生命的真正价值。

**思考题**

1. 小刚自杀前，已经表现出哪些消极的心理状态？

2. 假如你预先得知小刚有自杀的念头，你会怎么说服他？

**推荐书目：**

《人性的优点》《人性的弱点》（作者：卡耐基）

# 第八章

## 走进社会

### ——自我预防之“正确处理成长的烦恼”

**预防目标**

学会预防早恋、不良社会交往等不良行为，培养正确的外部情感。

**核心提示**

* **早恋**也叫青春期恋爱，一般是指 18 岁以下的未成年人，特别是在校的中小学生，在生理或心理上还未完全成熟的时候发生的恋爱现象。早恋行为属于社会交往不当，是一种未能正确处理自身外部情感的不良行为。早恋常被称为“不成熟的爱”，对未成年人身心健康成长有一定的影响。

* **不良社会交往**主要是指在社会交往过程中其交往方式和价值观倾向于拒绝社会道德、纪律乃至法律规范约束的群体或个人，并接纳、喜欢这一群体或个人的行为方式，将自己融入其中，从而导致社会适应能力差的现象。不良社会交往包括不能适应社会规范的不良交友，在交际圈中不能正确处理朋友关系而导致其他不良行为，也包括与有前科、劣迹的不良社会成员或团伙存在有害身心的接触和往来。不良社会交往对未成年人健康成长有较大影响。

交友、恋爱、交往都是人的基本社会需要，但对于尚不具有完全民事行为能力、还处在成长阶段的未成年人来说，这些都可能成为足以震动他们世界的“成长烦恼”。未成年人该如何进行外部交往，是摆在他们迈向社会的道路上的重要问题。如果处理不当，则易产生早恋、不良交友等行为，进而影响未成年人的健康成长。

## 一、案例解析

### ◎典型案例：混迹江湖错识“情”

常言道：千里之堤，溃于蚁穴。一个学生如果早早地摘食爱情之果，不注重学习科学文化知识、不注重正常的社会交往、不遵守学校规则，那么必将酿成大错，甚至走上违法犯罪的道路。

2012 年，年仅 15 周岁的被告人刘某，因故意杀人而被捕。被捕后，刘某说：“走到今天这一步，都是因为我不能处理早恋问题且交友不善，我后悔啊！”刘某出生在一个普通农民家庭，父亲在当地一家企业打工挣钱，早出晚归，母亲既要操持家务还要照顾他的生活，一家人在一起虽谈不上富裕，倒也吃穿不愁，其乐融融。刘某头脑活络，思维敏捷，上小学时成绩较好。进入初中后，正处于青春期的他觉得“班上的李某很漂亮，成绩好，对自己也好”，于是平时就想方设法引起李某的关注。他日思夜想，以致不能集中精力学习，成绩也开始下滑。【单相思】

后来，他发现自己的同桌和李某走得很近，时常有说有笑，同进同出。刘某看在眼里，急在心上。一天，他和同桌终因此事，从口角之争演变成大打出手。老师知道后对刘某进行了严肃的批评教育，还将此事通报家长。刘某觉得很没面子，一气之下便离开了学校。【辍学】

辍学后，刘某混迹于社会，经常到网吧玩。其间，在网吧认识了在社会上混的黄某等一伙人。黄某出手大方，讲义气，经常带刘某到网吧、游戏室、KTV 等地方寻求刺激。刘某见黄某他们年龄与自己差不多，却比自己活得潇洒，很是羡慕，于是他几乎天天跟着黄某混，跟这伙人在一起学会了抽烟、喝酒等。【不良交往】

在外面玩必须要有钱，黄某口袋中的钱本就不多，很快就用完了。一天，黄某对刘某说：“我们现在没钱玩了，要玩就必须想办法弄到钱，大家看看身边谁家有钱？”刘某为表现自己的能力，便提议去自己以前的一个同学家“搞钱”，原因是“他父母做生意，有钱”。几人一合计，就由刘某带着黄某等三人闯入同学家实施盗窃。不承想遇到临时回家办事的同学母亲，他们担心事情败露，就杀害了这

位母亲。【团伙犯罪】

公安机关很快就破了案，将刘某和黄某等人抓获归案。刘某在看守所悔恨交加，他痛哭流涕："我多想和同学们坐在课堂上啊，可是，如今我却带着冰冷的手铐……一步步走到今天，就像是做了一场梦！我后悔！对不起父母和老师。"

## | 原因与教训 |

1. 误入早恋，影响学业。刘某对李某由朦胧好感产生暗恋（早恋的一种），平时找各种理由、想各种办法引起李某的关注，以致日思夜想，不能集中精力学习。早恋让正处于"心理断乳期"的刘某觉得新鲜刺激，为此，他看问题变得盲目，不能正确认识自己的身份和与之相适应的行为，忘记了学生应该集中注意力学习，放松了对自己的要求。

2. 感情冲动，涣散意志。刘某看到自己的同桌与李某比较亲近因而产生妒忌心理，失去理智，从小口角演变为大打出手，被老师批评后认为很没面子，冲动之下辍学，这成了刘某人生道路上一个重大的转折事件。未成年人要谨慎对待早恋问题，因为它会对一个人的情感、行为产生重大影响。如果处理好了，会使人变得更加努力进取，处理不好就容易变得遇事冲动、不顾后果，由此走向人生的滑铁卢。刘某没有处理好早恋问题并因此放弃了学业，从此意志涣散，自暴自弃。

3. 不良交往，酿成苦果。如果说早恋和辍学使刘某的人生观、价值观开始偏离，那么和一些所谓的“朋友”相互传递不良信息、交流不健康思想、学习不良行为就是刘某走上违法犯罪道路的催化剂。刘某如果能正确处理对李某的情感问题，就不会和同桌发生冲突；如果能正确对待老师的批评教育，就不会冲动之下辍学；如果能远离黄某等不良青年，就不会与他们同流合污……可是这个世界上没有如果。未成年人应尽量避免不良交往，不要因一时冲动而后悔终身。我国著名心理学家丁瓒教授曾经说过：“人类的心理适应，最主要的就是对人际关系的适应，所以人类的心理病态，主要是由于人际关系的失调而来。”

未成年人在成长过程中总会遇到各种烦恼，有些来自自身情感的波动，有些则来自外部社会交往。人是生活在群体中的，未成年人既有与人交往的情感需要，又十分敏感，他们易受交往问题的困扰，也易被不良社会行为所误导。如何正确处理朋友关系，避免接触不良群体，正确处理早恋问题是未成年人面临的现实问题。正确处理自我与他人的交往关系，坚持有礼有节、真诚无私原则，学会自我保护、自我防范，是预防不良行为的关键。

## 二、预防方法

未成年人预防早恋、不良社会交往等不良行为，可尝试从以下几个方面入手。

### （一）认识爱情

爱情是神圣的，它是两性间的相互吸引，是相互交融而不是单相思，是在能爱的时候懂得珍惜，在无法爱的时候懂得放手。真正的爱不需要甜言蜜语也不必刻意迎合，它是一种责任，只有在生活的点点滴滴中才能感受得到。因此，未成年人应当提高对青春期情感的认识，当对异性好奇、有好感，认为自己爱上一个人的时候，问一下自己的内心：我有能力去爱她（他）吗？这样的情感会带来什么后果……只有及时分析自己、解剖问题，并认识到问题，才不会让自己陷入早恋的泥潭，才能把注意力集中在增长知识、提升爱的能力上。弗洛姆说“爱是一门艺术”，未成年人尚不具备掌握这门艺术的各项能力，应秉持“可远观而不可亵玩焉”的态度。

### （二）学会移情

要学会转移不良情感。那些深受人们喜爱的人，大多有较强的生产爱的能力，有较完善的人格，这些都是爱情的基石。心理学家弗洛姆说：“人必须竭尽全力促成自己完善的人格，形成创造性的心理倾向；否则，他追求爱的种种努力就会付之东流。”未成年人正处在生理和人格的发展期，尚不具备恋爱的能力。因此，当你真正喜欢一个人的时候，不应该日思夜想、盲目追求，也不应该妒火中烧、放弃学业，而是要把注意力集中到自己感兴趣的其他事情上去，努力提升自我魅力，让自己也受别人的喜欢，将心中的爱转变为成长的动力，积极地去完善自己、丰富自己、升华自己。一个人若想得到自己倾心的异性的认同，就必须在爱父母、爱朋友、爱学习和爱生活的实践中保持主动性和创造性，将对某个异性的爱转换成自我激励的动因，积极培养自己的兴趣爱好，提升自身人格魅力和内在品行修养。试想，一个闪闪发光的人，将来还愁没有优秀的人喜欢吗?

### （三）情感转化

产生朦胧“爱情”是未成年时期生理发育和情感发育不完善的正常表现。这种感情十分美好，也十分脆弱，未成年人不仅要正确认识它，更要将它处理好。“把爱放在心里”可能会成为你一生的财富，如果在不适当的时候做了不适当的表达，则可能会给两个人带来伤害。就像苹果，待它熟透之后咬一口，品尝到的是香甜；如果没有成熟就把它摘下来吃，品尝到的就只有苦涩。如果你对某一异性产生了这种朦胧的爱情，首先，请尝试将这种情感转化为友情，大大方方地公开与其交流，不要遮遮掩掩，否则不仅会引起他人的误解，也容易让自己想入非非；其次，不要把目光集中在某一固定异性的身上，多结识一些朋友，多参加集体活动，领略更多异性的风采；再次，与异性同学交往要保持适当的距离。总之，应采用正确的方法处理早恋问题，应顺应青春期的心理，采取自我预防和升华等措施，把“爱情”转换为友情，把这一青春冲动转化为学习的动力。

### （四）正确交往

人是社会关系的总和，社会性是人的本质属性。也就是说，人是群体性动物，需要相互交往，相互合作。学会交往是一个人成为社会人、正常人、健康人最基本的条件，人际交往和合作能力是一个人事业成功、生活幸福的核心能力。如果不注意健康的人际交往能力的培养，就会产生一系列的心理行为问题，甚至会走上违法犯罪的道路。古人云：“近朱者赤，近墨者黑。”意思是接近好人可以使人变好，接近坏人可以使人变坏，这句话不仅反映出客观环境对人有很大的影响，也充分说明了健康的人际交往的重要性。

有的人认为，朋友越多越好，认识新朋友才是“交际”、和“聪明”“活络”的人交往才是交往；有的人认为，和那些讲义气的人、桀骜不驯的人交往最有面子。这些交往观都是片面的，如果一不小心交了不正派的朋友，那么你的人生可能会就此改变。因此，未成年人在交友的过程中要提高自己的辨别能力，要擦亮自己的眼睛，要有选择性。俗话说“言为心声”，要学会通过语言和行为判断对方的人格特点，如是心胸博大、为人正直还是心胸狭窄、虚伪狡诈，是自私贪婪还是宽厚亲和，是贪图享乐还是助人为乐，行为是否符合社会规范，等等。只有学会准确判断一个人的人格特点，才能从茫茫人海中找到适合自己、对自己成长有益的朋友。

## 三、阅读思考

### 材料一：失之东隅，收之桑榆

(关于早恋的故事，国外有一段经典的父子对话)

父子间的谈话是在一次晚餐时进行的。

父亲:“奥罕，告诉爸爸，那个入你法眼的女孩叫什么?”

他因意外，显得非常吃惊。怔了片刻，随即垂着头轻声告诉了父亲。他不敢抬头直视父亲，等着父亲大发雷霆。

父亲说:“还是到此为止吧，听爸爸的话。”

他见父亲态度温和，胆子渐渐壮了起来。他为自己辩解："爸爸，是她主动的。况且，她的条件的确不错呀！"他觉得自己更像是在为他们的那份感情辩护，心底有一股豪气油然升腾。

父亲轻轻摇头："奥罕，你还太小。"

"太小？爸爸，我已经19岁了，是一个男子汉了。而你，当年只有17岁就和妈妈好上了！"他自认为抓住了爸爸的把柄，情绪越发激动起来。

他说的确是实情，他等着父亲妥协。

可是，他听见依然和蔼的父亲说了这样一番话："你说的没错。可是，你知道吗？我17岁的时候已经能在葡萄酒作坊当酿酒师傅了，每个月能拿2000万里拉。我是说，我当时已经能够自食其力，有一定的经济实力为爱情买单。你呢，一个里拉都挣不到，你凭什么心安理得地钟爱自己心仪的女孩？"

他桀骜的心被父亲的话征服了，埋头扒饭，一声不吭。

父亲又语重心长地安慰他："奥罕，不是爸爸古董封建。你想想看，一个男人，如果没有经济基础，不能为他的爱人提供必要的物质保障，如果你是女子，你会怎么看待这样的男人？儿子，我告诉你，我一直都认为，一个男人，如果没有一份挣钱的工作，不能自食其力，哪怕他40岁甚至50岁，都不配谈恋爱，谈了，就是早恋；相反，只要他有立业挣钱养家的本事，15 岁恋爱也不算早恋！”

一语惊醒梦中人，经过思想斗争，他做出了从她身边安静地走开，从这段虚幻缥缈的无根之爱中抽身而退的决定，尽管为此他承受了半年的痛苦。

牢记着父亲的嘱咐，他知道自己涉足爱情还为时过早，于是集中精力于学业，最终一举考上伊斯坦布尔科技大学——土耳其最好的国立大学，并在这里奠定了日后事业的基础。

他就是奥罕•帕慕克，2006 年度诺贝尔文学奖获得者。

[摘自：浪子的搜狐博客（有修改）]

人生的列车上有很多扇“窗”，不同的“窗”外有不同的风景。但是，有些“窗”可以随时打开，有些却不能过早地打开。如果有一扇“窗”你实在打不开，说明你可能开错了，另开一扇，你会发现世界的另一面也非常精彩。

**思考题**

1. 从这段父子的对话中你悟出了什么？
2. 你是如何看待早恋问题的？
3. 如果遇到这个问题，你会如何处理？

## 材料二：友谊的天平

小英，女，16岁，某中学高一年级学生，成绩一般，性格内向，父母在外打工，和爷爷奶奶生活在一起。小英在学校没有朋友，上课老师提问时，从不主动回答，即使被老师点名回答问题，声音也很低。小英的父母虽然在外打工，很少回家，但对小英的学习成绩期望很高，要求严格。在其他方面，小英是衣来伸手，饭来张口，什么也不用做。高一期末考试小英两门主课不及格，受到父母的严厉指责，她一气之下离家出走了。

因为身上没带多少钱，小英在网吧待了一夜，被父母找回了家。可自此以后，小英认为自己成绩差，无法达到父母的要求，个人价值无法在学校得到体现，因而厌倦学校生活，干脆自暴自弃，认识了一些网吧里的朋友。在所谓“朋友”的鼓动下，小英经常逃学，和“朋友”一起抽烟、喝酒，骗爷爷奶奶的钱，寻求快乐和刺激。老师让同桌的丽丽和小英结成互帮对子，请丽丽帮助小英提高成绩，小英却视丽丽为老师的耳目，责怪丽丽经常打自己的小报告，故意疏远丽丽，反而和校外所谓的“朋友”打得火热。当小英的任意而为受到老师的批评和学校的处分后，她就和老师吵架、对着干，还扬言要带男朋友来教训老师。无奈之下，父母只好给小英办了退学手续。

小英退学了，父母对小英的期望也彻底落空了。起初，虽然小英不能正确对待父母、老师的批评，但是多做些工作，也许她就不会继续任性而为。然而，自从小英认识了那些“朋友”之后，这种任性自私的心理得到认同和强化，且进一步膨胀，导致小英父母最不希望发生的事情发生了。未成年人如果不想与小英一样为自己的人生多增加一条弯路，就必须把握好交友的原则。

**思考题**

1. 你认为小英为什么会走上退学的道路？
2. 你的交友原则是什么？
3. 如果你是小英的朋友，你会怎么帮助她？

**推荐书目：**

《100 个男孩子的故事》（作者：刘德华）、《决定快乐成长的秘密》（作者：孔谧）

# 第九章

## 精英品质

### ——自我预防之“坚持去做最好的自己”

## 预防目标

学会预防上网成瘾及沉迷歌舞厅、酒吧、游戏厅等不良行为，培养刚强有为的意志品格。

## 核心提示

* **意志薄弱**是指人在确定目的并根据目的调节支配自身的行动的过程中，难以克服困难，不能实现预定目标的心理过程。它在人变革现实的行动中表现出来。意志力是人的重要品质。意志薄弱者对自身行为不能很好地起到发动、坚持和制止、改变等方面的控制与调节作用。

* **网瘾**是指上网者由于长时间地、习惯性地沉浸在网络时空当中对互联网产生强烈的依赖，以至于达到痴迷的程度而难以自我解脱的行为状态和心理状态。由于花费过多时间上网，因此损害了现实的人际关系、学业和身体。上网成瘾是常见的未成年人不良行为之一，绝大多数网瘾是由于长期生活作息不当引起的网络依赖，防治网瘾必须从培养坚定的意志力着手。

* **沉迷**是指过分强烈地喜爱、迷恋某件事或难以舍弃某种物品，以至影响到正常的生活、学习和工作。未成年人进入歌舞厅、酒吧、游戏厅本身就是一种不良行为，沉迷其中更是严重的不良行为。未成年人兴趣广泛，但兴趣必须在意志能力的可控范围内，否则就十分危险。

奥斯特洛夫斯基在《钢铁是怎样炼成的》里这样说道："人生最宝贵的是生命，生命属于人只有一次。一个人的生命应当这样度过：当他回忆往事的时候，不会因为虚度年华而悔恨，也不会因为碌碌无为而羞愧。"人应当充实地生活，因为意外、疾病可能会突然结束某个人的生命。因此，在有限的生命当中，我们要尽量做最好的自己。网络是人类科学技术的产物，为人类开启了沟通世界、创造文明的崭新窗口，使现代人学习、工作更方便，生活更丰富。大部分未成年人能够适度、合理地使用网络，通过网络获取知识、技能，进行娱乐、休闲等。但是少数未成年人因无节制地使用网络，经受不住网络上一些不良信息的诱惑而影响到正常学习、生活和人际交往，使身心健康和社会功能受到损害。如果你还怀揣着最初的梦想，并且在坚持为之奋斗，那就应对网络保持一种适度使用的良好心态，不做网络的奴隶，正确运用网络为实现最初的梦想服务。做最好的自己，不仅是一句口号，更是一种坚持。

## 一、案例解析

### ◎典型案例：网瘾引发的凶案

进入初一时，李建（化名）就担任了班长，在家长和老师的眼里，李建是个各方面都比较优秀的孩子。但自从父母离异后，网络就成了李建的精神避难所，似乎只有在网络上、在游戏中，他才能忘记一切的烦恼。在网络上，他可以摆脱现实身份的羁绊；在网络上，他可以是纵横天下的“大侠”；在网络上，他不必担心和思考父母离异所导致的问题。渐渐地，李建感觉自己越来越依赖网络，一天不上网就难受。【意志薄弱】他白天在学校哈欠连天，无精打采，晚上回到家里，只要一打开电脑就精神抖擞，每天上网时间无法自控，常至深夜。【网络成瘾】

长时间的生物钟紊乱导致李建视力下降、神经衰弱、对人冷漠暴躁，只要一关电脑就烦躁不安，学习成绩也一落千丈。这些反常的行为引起了李建父亲的注意，他打开电脑查询搜索记录，结果大吃一惊，李建的电脑里有很多暴力、凶杀、色情的图片。【身心受损】原来，李建上网的事情一直瞒着家人。父母离婚后李建跟着父亲生活，父亲平时工作忙，忽略了对李建的管教，只要李建要钱，一般都会满足他。李建还在网络上认识了一个女友，现实生活中的不如意使两个人感觉很有共同语言。李建常带着女友到歌舞厅唱歌、到酒吧蹦迪或者到游戏厅玩游戏，学习这件事早忘到九霄云外去了。当老师找到李建的父亲，告知李建经常请假的事时，李建的父亲气极了，和李建发生了激烈的冲突，并把家里的电脑拿走了。父亲的苦心劝说、多次的争吵没有把李建从网瘾和早恋中拉回来，李建越陷越深，干脆不回家了，他希望通过网络、酒吧和歌舞厅这些声色迷离的场所来麻醉自己，找到自己脆弱的内心深处所渴望的温暖与安全。而网吧、酒吧这些场所又怎么能给人真正的温暖与安全呢，有的只是疯狂过后无尽的失落与空虚罢了。可此时的李建已经沉迷其中，他理所当然地以为“混社会”就应当是这个样子。【流落社会】然而，悲剧还远远没有结束。在一次回家要钱和父亲发生激烈冲突后，李建一时失手用榔头砸死了自己的亲生父亲。【犯罪】当刑警抓捕李建时，他依旧安然地坐在网吧里上网，他冷漠的眼睛里只有对游戏的关注。

李建从一个优秀的学生发展为冷漠的罪犯，不得不说，网络在为人们创造文明，带来方便快捷服务的同时，也对人的意志进行着考验。意志坚定者能够经受住考验，让网络为自己所用，而意志薄弱者则会被网络吞噬，成为不良文化的受害者，自我意志的奴隶。

## | 原因与教训 |

1. 意志薄弱，沉迷网络。李建本来是一个阳光健康的初一男生，并且还担任班长，但是面对家庭的变故，他没有采用积极的方法进行自我调节，而是通过网络来寻求安慰；在网上各种不良信息的诱惑下，他不能控制自己的上网时间，并且受不良信息的影响出现了早恋现象。如果说在遇到家庭变故时，李建缺乏有效的沟通渠道和正确的引导是上网成瘾的外因，那么自控力薄弱则是改变其命运的内因。网络的多媒体效果和丰富的内容容易使人沉迷，意志力尚不坚定的未成年人更容易由好奇转变为沉迷直至上瘾。想要避免上网成瘾，从根本上来说需要提高自我控制力，锤炼意志品质。

2. 寻求依赖，无法自控。李建正值青春期，还处于生理和心理快速发展期，这决定了他辨别是非的能力和自我保护意识还不强，对于网络上不良信息的干扰，他没有选择远离、摒弃，反而深陷其中。长时间上网，使他对网络产生了心理依赖，这种心理依赖形成以后，他的自我控制能力就更弱了，最终在网络的影响下他变得冷漠，没有责任心。未成年人有很强的安全需要和依赖需要，当这种需要在现实生活中无法得到满足时，他们容易将目光转向社会或其他层面。如果未成年人与网络、游戏、酒吧等建立了不良依赖，就更容易丧失自我。

3. 人格渐变，影响品质。李建从一个好学生发展为叛逆、早恋、冷漠的人，其人格受网络成瘾的影响十分显著。李建电脑里储存的暴力、色情图片充分反映出他的注意力、兴趣爱好已经由学习转向了对于未成年人来讲极为不健康的方面，而心理品质不成熟，使得李建面对父亲的管教不能冷静地思考，而是在冲动之下辍学，流浪社会，以至于杀死生他养他的父亲之后，仍能冷漠地继续到网吧上网，这是一个有道德良知的人难以想象的。

4. 意志崩溃，身心受损。自从上网成瘾，李建的正常生活秩序就被打乱了，他不仅身体虚弱、内分泌紊乱、视力下降，而且精神方面也显示出暴躁、冷漠的特点。他喜欢关注暴力、色情内容，因此身心受到了极大的损害。就此而言，网瘾已使李建的人生发生了根本性的转变。此后，过度的依赖与沉迷慢慢侵蚀着李建的基本道德品质和行为修养，最终导致他自我意志彻底崩溃，进而引发了这场悲剧。意志力既是人的基本道德品质，也是有所成就者具备的“精英品质”。从一定层面上来说，一个人的成就高低不是看他的智商有多高，而是看他的自我控制能力和道德意志有多强大。

每个人的能力水平是不一样的，个人发展也有所差异，但只要尽了自己最大的努力，坚持去做最好的自己，那么他就是“精英”。《阿甘正传》里的阿甘正是以他顽强的意志力感动了全世界的观众。网瘾等过分沉迷和依赖性的行为反映出的是个人意志力的薄弱，要有效预防此类不良行为，必须不断锤炼“精英品质”，要相信只有做最好的自己才能拥有精彩的人生。

## 二、预防方法

### （一）培养控制能力

只有拥有良好的自我控制能力，才能让自己远离不良信息的侵扰，远离那些让人沉迷的酒吧、歌舞厅等娱乐场所。因此，在日常生活中，未成年人要积极培养良好的自我控制能力。例如，当你非常想上网打游戏时，可以和自己约定：如果能在接下来的时间里完成某项学习任务，或达到某一水平的成绩，就允许自己多上网一小时。这种方法在心理学上叫作延迟满足。延迟满足能够逐渐提高自控能力。自我控制能力强的人能有效地控制自己的欲望，进而防止不良嗜好的形成或依赖。“欲不可满。”培养良好的自我控制能力既是健全心智的需要，也是预防不良行为的需要。提高自我控制力是防治沉迷上瘾行为的根本途径。

### （二）拓宽兴趣爱好

现代社会，中学生的学习压力很大，他们很容易被丰富多彩的网络世界所吸引，似乎只有在网络游戏等娱乐中才会感觉轻松，才能释放压力，以致深陷其中，不能自拔。未成年人要给自己释放压力的时间，并主动寻找释放压力的健康途径，发展健康的兴趣爱好，转移自己的注意力。例如，阅读、运动、弹琴、画画或参加集体活动等，都是能释放压力、修养身心、令人身心愉悦的兴趣爱好。要学会拓展自己的兴趣范围，切不可人为地限定自己于某一领域，这既不利于全面发展，也容易诱发沉迷上瘾等不良行为。丰富的兴趣爱好可以拓宽人的眼界，从而发现更多未知世界的奇异多彩。未成年人处于学习的最好年纪，更应该把时间花在发展和丰富自我上。

**（三）正确使用网络**

如果真的很难控制自己上网或娱乐的欲望，那么在上网或娱乐的过程中，应做到：选择健康的网站或娱乐场所；不漫无目的地上网，事先确定上网目标，并排出优先顺序；根据完成任务的情况，合理安排上网时长；不被中途出现的其他内容吸引；不要为了打发时间而上网；谨慎与网上“遇见”的人见面；遵守《全国未成年人网络文明公约》，同时保护好自身安全。这样既可避免不良网站中不良文化的侵害，又能合理控制自己的娱乐项目和娱乐时间，安排好自己的业余生活。人们常说，网络是把双刃剑，关键还是看使用者如何把握。未成年人要尽可能积极地利用网络为自己学习和获取信息服务，有所限制地进行游戏或其他娱乐。

### （四）积极应对挫折

每个人都要认识到成长的过程不可能一帆风顺，总会遇到挫折和困难。当遇到这些挫折和困难的时候，千万不能通过网络、酒精、自我放纵等方式来逃避现实，更不能沉溺其中发泄自己的不良情绪，这不是积极应对挫折与困难的方式。未成年人遇到困难和挫折时，可以向家长、老师或其他人请教解决问题的办法，也可以找好朋友倾诉；可以大哭一场来发泄，也可以通过运动来释放压力；等等。总之，这个世界上没有解决不了的问题，关键看你是不是个有心人，是不是有一颗迎难而上的心。依赖感是人的基本情感之一，越是不成熟的人依赖感越强，他们更需要安全，更需要温暖和照顾。现实不可能尽如人意，未成年人面对挫折和困难时，不能任由依赖感自由发展，应当加强自我控制，努力提升自己解决问题的能力，积极寻求解决问题的方法。

### （五）培养精英品质

未成年人不能因一时的失意、挫折和困难就放弃自我成长的机会，生活就像回声谷，你付出什么，就会得到什么；你耕种什么，就会收获什么。当你沉迷于某事不能自拔的时候，请认真想一想：“这件事能给我带来什么？”你是否能学会从风景中看到自己，明白自己原来也是一道风景，并不是他人风景中可有可无的点缀。生活中一些安于享乐、害怕失败、逃避现实的人，永远只能滞留在没有成功的起点上。自信、执着、富有远见、勤于实践，不断磨炼自己的耐心和毅力，才是一个强者应该具有的“精英品质”。

海明威说：“人可以被打垮，但不能被战胜！”真正的精英都具有非凡的意志和战胜自己的决心。意志力是人最宝贵的道德品质，坚持应该坚持的，选择应当选择的。只要持续地努力，不懈地奋斗，就没有什么是征服不了的。

## 三、阅读思考

### 材料一：我是一株野百合

当我还是一粒种子的时候，我并不知道自己生在这样的环境中，我梦想着自己生长在一个精致的花圃里，和自己的姐妹们一起尽情地开放，为人们送去阵阵清香。做着这样的梦，我使劲发芽，使劲往上长。

可是万万没想到，刚刚露出地面的那个瞬间，我惊呆了：这里荒无人烟，四面全是光秃秃的山，只在周围生长着一些杂草。我失望极了，怎么是这个样子，难道我要孤零零地生长在这荒山野岭之中，没有同伴，没有欣赏我的人，那我的生命还有什么意义，那我不就成了一株野百合吗？

接连好多天，我都打不起精神，我的梦想破碎了，彻底地破碎了。为什么上天这么不公平，为什么不让我成为一株真正的百合，而要让我成为一株野百合？因为整天这样想，无心生长，所以我的叶子渐黄，身体渐弱，我找不到可以继续生长的理由，直到有一天……

那天天气很晴朗，我正睡眼惺忪，一缕阳光照到我身上，好温暖。“小百合，快起来了。”我听到一个声音在叫我。

“我不想起，我感到自己的生命没有意义，我想一直睡下去。”我说道。

“孩子，记住，就算你不能成为一株真正的百合，你还是一株野百合，不要浪费自己的生命，记住做最好的自己。”

我猛然醒悟，对，我要为自己而活，野百合也可以实现自己的价值。从此，我努力吸取阳光，吸收水分，深深地扎根，我又恢复了自信，健康而茁壮地成长着。虽然有狂风，但我已不再抱怨，而是让自己在狂风中长得更结实；虽然阳光很少，但我充分利用每天有限的日光呼吸、成长；虽然很寂寞，但周围的小草还是我的朋友。

在不久后的一个清晨，我开出第一朵花，周围的朋友惊叹了，她们拍手为我祝贺，我自己也惊异，原来我可以开出这样美丽的花。

第二年，这里开出了一片美丽的百合。

思考题

1. 野百合的心路历程是怎样的?
2. 在生活中，你会怎样面对困境和挫折?
3. 你觉得一个成功的人应该具备哪些品质?

## 材料二：多坚持一会儿

有两个人与神仙邂逅，神仙教授他们酿酒之法，叫他们端阳那天选成熟、饱满起来的大米，与冰雪初融时高山飞瀑流泉的水珠调和，注入千年紫砂土烧成的土瓮，再用初夏第一张沐浴朝阳的新荷裹紧密闭七七四十九天，直到凌晨鸡叫三遍后方可启封。二人牢记神仙的秘方，历经千辛万苦，跋山涉水，风餐露宿，找齐了所有的材料，把梦想和期待一起调和密封，然后潜心等候着那激动人心、注定要到来的一刻。

时间一天天地过去了，多么漫长的守护啊。当第四十九天姗姗到来时，即将开瓮的美酒使两人兴奋得不能入睡。他们彻夜都竖着耳朵准备聆听鸡鸣的声音。终于，远远传来了第一声鸡啼，悠长而高亢。又过了很久，依稀响起了第二声，缓慢而低沉。等啊等，第三遍鸡啼怎么来得这么慢，它什么时候才会响起啊?其中一个人再也按捺不住了，他迫不及待地打开陶瓮，结果，里面是一汪水，浑浊、发黄，像醋一样酸！怎么会这样？他懊悔不已，但一切都已不可挽回。最后，他只能将这汪水倒洒在地上。而另外一个人，虽然心中的欲望像一把火一样熊熊燃烧，烧烤得他好几次都想伸手掀开瓮盖，但他却咬紧牙关挺住了，直到第三声鸡啼响彻云霄，东方一轮红日冉冉升起，最终他得到了一坛清澈甘甜、沁人心脾的琼浆玉液。

许多成功者，他们与失败者的唯一区别，往往不是更多的劳动和孜孜不倦的流血流汗，也不是多么聪明过人的头脑和谋略，而只是在于他们的韧性和耐心，在于他们多坚持了那一刻——有时是一年，有时是一天，有时仅仅是一声鸡啼。

（摘自《幸福：365天的心灵鸡汤》，作者：卓雅）

**思考题**

1. 文中的两个人是如何对待自己的欲望的？

2. 假如你特别喜欢甚至沉迷做某事，并且明知道这件事对自己不好，你会如何延缓自己即刻满足的心理？

**推荐书目：**

《做最好的自己》（作者：李开复）、《给中国学生的一封信：从诚信谈起》（作者：李开复）、《老人与海》（作者：海明威）

# 第十章

## 健康成长

### ——自我预防之“成功见证细节的意义”

## 预防目标

学会预防撒谎等日常细节处的不良行为。

## 核心提示

* **撒谎**是一种为逃避说真话带来的后果，对那些不愿让人知晓的事情进行掩盖、推托、搪塞、阻挠等的行为。例如，考试没有考好，就向家长说谎话以使自己免受惩罚的行为，或者当自己受到某种委屈时，却和家长说自己在学校挺好的，以掩盖事实的行为。

* **恶习**就是坏的习气，是指不良的行为习惯，小到撒谎、偷窃，大到赌博、吸食毒品等，不良的行为习惯一旦演变为恶习，将会使人步入恶性循环的轨道。

什么是细节？朱自清说："细节就是一言一行之微，一沙一石之细。"一滴水可以折射太阳的光辉，同样，一些不可忽视的细节也能够说明很多问题，如可以反映一个人的观念，可以展现一个人的修养，可以左右一场比赛的结果，可以改变一场战争的胜负，等等。细节之中蕴藏着机遇，细节之中饱含着真情。为人、做事不可忽略细节；学习、生活不能轻视细节。细节的花朵常常开放在生活花园中不引人注目的地方，细节的影子往往或隐或显于芸芸众生的举手投足之间。它，需要你用聪慧的双眼去观察；它，需要你用睿智的心灵去体味。

## 一、案例解析

### ◎典型案例：花季少女染上偷窃恶习

2011 年 5 月 20 日，成武县公安局田集派出所接到辖区群众报案称，居民刘某家中 2000 多元现金被盗。"居民家中没有明显被翻腾的痕迹，现场一系列景象表明，窃贼作案手法并不高明，不像是入室盗窃惯犯所为。"带队出警的派出所副所长孙景全说。通过细致排查，最终嫌疑对象锁定在刘某邻居家一位 14 岁的小女孩小怡（化名）身上。

小怡今年14岁，是当地重点中学的一名初二学生。民警将她传唤至派出所后，她主动交代了盗窃全过程。原来，小怡家与失主刘某家仅一墙之隔。当日，刘某一家人外出，锁了院子大门但并没锁屋门，14岁的小怡翻墙进入刘某家中，将屋内桌子上放着的2000多元钱拿走了。据小怡交代，此前也曾进入邻居家拿过50元、100元的钱，只是邻居见钱不多没有报案。

消息传到小怡就读的中学，熟悉她的老师都难以置信。民警在走访其曾就读过的学校时还了解到，小怡学习成绩特别好，在班里拔尖，其中英语和美术特别突出，深受老师的喜爱。那么，这样一个学习优异的孩子怎么会成为令人不齿的“小偷”呢？

经过调查民警了解到，小怡的父母常年在外打工，小怡自小就和爷爷奶奶共同生活。小学一、二年级时她就经常从学校拿一些小东西回家，如橡皮、铅笔、粉笔等。当时，奶奶也针对此教育过她，但由于小怡成绩很好，就没有太在意。【不良行为】上了初中以后，虽然小怡成绩一直不错，但奶奶也发现了她的一些变化。比如，说怕班上的同学瞧不起她，就谎称自己父母在外开公司；有时还经常以买学习用书为名给父母打电话要钱，但她却拿着这些钱去买了名牌球鞋和衣服。【撒谎】虽然奶奶发现了这些情况，但是怕她爸爸妈妈在外担心，加上小怡并没有因为攀比而使学习成绩下降，所以奶奶也只是略加教训，并没有引起重视。随着小怡的要求越来越多，远在外地打工的父母也渐渐产生了疑惑。春节回家时，妈妈发现了小怡的名牌衣物，小怡见搪塞不下去了，只好老实交代了过错。正值春节期间，加上小怡又是“三好”学生，所以父母简单地说教一番后又踏上了打工的路途，只是之后小怡再也不能通过谎言向父母要钱了。但这并没能阻挡小怡盲目攀比的脚步，看着同学有新潮物件她心里就痒，再看看囊中羞涩的自己，十分不是滋味，于是她产生了偷窃的念头。一次次偷窃得手更是刺激了她的欲望，小怡发现偷钱比向父母要钱容易多了。【恶习】

这一次，小怡到邻居家偷盗是因为她想买一部新款的手机，但几千元的高价让她“费尽了心思”。以前她都是小偷小摸，偷盗金额最多也只有几百元，由于自己一直在班上成绩拔尖，所以从来没有人怀疑过她。那天再次到邻居家行窃时，小怡发现居然有2000元巨款，经过一番激烈的思想斗争，在新手机的诱惑下，她终于还是伸了手。【违法】

在派出所里，当小怡知道自己的行为已经违法时，自责、悔恨加上恐惧让她后悔不已。

## 原因与教训

1. 祸起细微，行败于常。一、二年级的小怡看见自己喜欢的东西就悄悄地带回家时，还没有形成社会道德观的约束。未成年人在行为细微处出现瑕疵，如果不加以正确的教育和引导，就会形成不良习惯，进而可能走上违法犯罪的道路，造成无法弥补的遗憾。古语云："从小偷针，长大偷金。"人的行为具有连续性，错误的行为习惯往往始于小时候的不良习惯。那些看似细小的日常行为应当引起我们足够的重视。刘玄德教子曰："勿以善小而不为，勿以恶小而为之。"

2. 习惯不良，撒谎成性。在生活中，我们往往更关注学生的学习成绩，而忽略了其他方面。小怡出现撒谎的行为时，虽然奶奶也进行了批评教育，但没能正确地引导。由于小怡父母常年不在身边，爷爷奶奶出于一种补偿的心理，平时父母打电话询问时，总尽力隐瞒小怡的一些错误行为。爷爷奶奶类似的行为对小怡的影响十分深刻，她会发现，原来说谎还可以得到好处，于是也去仿效，跟父母说谎要来钱满足自己的消费欲望。有些不良行为习惯看似微小，但积少成多，往往会引发难以想象的危害。撒谎成性还会引发其他不良行为，也会造成未成年人与家庭、学校关系的紧张、联系的减弱以及丧失对道德行为品质起码的尊重，所以预防不良行为可从改正一些不良习惯着手。

3. 自我放纵，习惯偷窃。事物的发展变化，总是从量变到质变的过程。小怡的盲目攀比心态如能得到有效疏导，那她也不必为了掩饰家境的贫寒一次次伸出“第三只手”；如果小怡出现小偷小摸行为时就能得到及时有效的制止，那她也不至于跌入犯罪的深渊。小怡对自己的行为一而再、再而三的放纵，是她走向违法犯罪道路的根本原因。

在社会发展日趋多元化的今天，未成年人也存在各种各样的心理困扰，千万不能等闲视之。在重视他们学习成绩的同时，更要重视其心理发展，老师和家长要及时发现问题，积极开展心理教育，为他们排除困扰；应关注并尽量满足其心理需求，使他们生活、学习有目标，并充满希望；应增强他们承受各种心理压力和处理心理危机的能力，提高心理素质，以迎接未来社会的严峻挑战。

“勿以善小而不为，勿以恶小而为之。”未成年人应以这两句自省自警。细节决定成败，未成年人想要在成长的大路上阔步前行，就不能忽视日常行为细节的重要性。

## 二、预防方法

### （一）面对现实

在人类社会发展的漫长过程中，人与环境形成了既相互对立，又相互依赖、相互作用的辩证统一关系。环境是客观的，一般不以人的意志为转移。因此对于环境中的众多因素，我们只能努力去适应。一名在校学生，需要面对学校的规则、老师的严格要求、同学间的摩擦和家长的“挑剔”，即便自己认为周围的一切都有些不合理，也要捺着性子去面对、去适应。有了这种心理准备，在困难和矛盾面前才能调整心态和言行，集中精力，勤奋学习。

### （二）寻求指点

在学习和生活中，遇到矛盾就恼火，见了困难就心烦，是不可行的。遇到自己不能解决的问题，应当向信任的师长寻求指点，这是非常有效的方法。因为认识水平高的师长看得更准、想得更透，可以给予你有益的开导。如果你讳疾忌医，怕被批评、怕被埋怨，瞒着父母和老师，不但问题得不到解决，反而会对自己的身心健康有害。因此，如果有困难，就应主动寻求帮助，并开诚布公地说出心中的矛盾，通过家长、师长的有效指点，尽早摆脱困难。

### (三) 提高辨别能力

要辨别是非，首先要树立正确的是非观。在判断与处理各种问题的过程中，要通过道德的陶冶、法律的学习、榜样的选择、理想的确定，逐渐树立起正确的是非观。只有这样，才能明确什么是正确的和高尚的行为，才会知道怎样严格要求自己，怎样使自己言行一致。一般来讲，能得到大多数人的认同与鼓励的事情，人们愿意继续去做，而受众人谴责的事情，人们就会设法回避。

### (四) 学会冷态处理

冷态处理就是遇到矛盾时，学会控制情绪，主动调节自己的心态，避免产生情感冲动。由于独立意识初步形成，部分未成年人容易把事物理想化，加上好胜心强，常常表现为过度自信，性格倔强固执，行动唐突冒进，同时又缺乏韧性和毅力，一旦遇到自己解决不了的问题，就畏缩不前，毫无斗志。因此在出现矛盾心理时，学会冷处理就很有必要。这一方面可以使自己心情平静，防止慌乱，避免急躁；另一方面也可以通过冷静分析找准问题的症结。

### (五) 总结成功经验

具有足够的勇气和信心是战胜一切困难的必要条件，而总结成功经验是鼓足勇气、坚定信心的最佳方法。总结成功经验能发现自己的优点和长处，增强克服困难的信心和勇气；同时，总结成功经验，强化有益兴奋，还可以抑制内心的郁结与苦闷。因此，遇到困难情绪不高时，就可以采用这种方法进行自我调节，使自己在困难和挫折面前，坚定信念，下定决心，百折不回，为实现理想勇往直前。

## 三、阅读思考

### 材料一：细节决定成败

古往今来，不少人常常因细小的事而失败，但也有人因细小的事而成功。所以说，细节决定成败！纵观历史，不得不承认，注意细节的人更能干成大事。

“有别人在场的时候，不要自己乱唱，也不要用手指敲打或者用脚踢什么东西；别人讲话时，不要插嘴；别人站着时，不要坐下；别人停下来时，不要自己走；和别人在一起，不要读书或者看报，如果确有必要做上述事情，也一定要请求。事先不得到允许，不要看别人的书或者写的东西，写信的时候，也别离得太近……”这是美国前总统乔治•华盛顿14岁时抄在笔记本上的部分“守则”。可以说这些细节很拘束人，然而华盛顿却把它看成成长所必需的“维生素”。

这就是成大事者必注意细节。如果华盛顿不注意细节，也许他就不会成为美国开国总统，更不会把美国搞得繁荣昌盛。可见，注意细节是华盛顿成为总统的基石。

卢瑞华说过："在中国，想做大事的人很多，但愿意把事做细的人很少。我们不缺少雄韬伟略的战略家，缺少的是精益求精的执行者；我们不缺少各类规章制度，缺少的是对规章制度条款不折不扣的执行者；我们必须改变心浮气躁、浅尝辄止的毛病，提倡注重细节，把小事做细。"

著名的木桶理论认为，一只木桶盛水的多少，取决于最短的那根木板。而从某种意义上说，细节就是那块最短的木板。春秋时的子罕以"不贪为宝"，清朝廉卿张伯行以"取一文，我为人不值一文"为铭，林则徐因自己容易发怒，自书"制怒"条幅悬于堂前……

一滴水可见太阳，窥一斑而知全豹。细节相当于试纸，可以测出一个人的素质和境界。你的一言一行、一举一动都可以成为命运的偏旁部首。伟人之所以成为伟人，并不是天生的，而是后天修炼而成的。老子说过，"天下难事，必作于易；天下大事，必作于细"……

世上无小事，人间无细节。在英国民间流传着这样一首歌谣：缺了一枚铁钉，掉了一只马掌；掉了一只马掌，失去一匹战马；失去一匹战马，损了一位将军；损了一位将军，丢了一次战斗；丢了一次战斗，输了一次战役；输了一次战役，毁了一个王朝。可见，不注重细节，难以成大事。

细节是成功的基石。哈维·费尔斯通说过：“成功是细节之子。”米开朗琪罗说：“在艺术的境界里，细节就是上帝。”李斯也说过：“泰山不让土壤，故能成其大；河海不择细流，故能就其深。”

所以，如果想成功，做事就应该注意细节，因为细节决定成败！

（摘自《新课堂》，2012年第7期，作者：万邦海）

**思考题**

1. 文中华盛顿认为成长所必需的“维生素”是什么？

2. 你认为你身边哪些细节常被人忽略？

3. “细节决定成败”，你认为应该如何改正你的不良行为习惯？

## 材料二：谁该为他成为罪犯负责

张军（化名）是个农村孩子，兄弟姐妹三个，他最小。由于没有脱贫，家里经济比较拮据。父母为了养育全家，整天忙着在地里干活，根本没有时间照看他们。张军上学时，成绩很不错，在班上是前几名，但由于家里穷，买不起好的学习用品，所以经常受人白眼。

上学时，张军看到班里有同学拿着计算器写算术作业，很快就写完了，而他则要掰手指算半天，他也想有个计算器，但没钱买。晚上他找到家里父母存放钱的地方，从里边取出二十元，第二天就买了一个计算器带到学校，让其他同学羡慕了好半天。第一次偷家里的钱，没有被发现，也没有受到任何惩罚，不但买了计算器，还让那么多的同学羡慕，他尝到了偷东西的“甜头”，后面就有了第二次、第三次……从家里偷来的钱越来越不能满足张军逐渐膨胀的欲望，他开始把目光转向外边。一天中午，他物色了一家商店实施盗窃。那时，商店里的人正在午休，张军开窗子的声音把他惊醒了，于是他把张军抓住送到了当地的派出所。由于当时张军年纪还小，只被关了几天就放了出来。回到家中，迎接他的是父亲的一顿暴打。张军的父亲没什么文化，脾气又非常急躁，不大会讲道理，教育孩子，他只相信“棍棒底下出孝子”。张军一做错事，他就狠狠地抽他一顿，张军也记不清从小挨过多少次毒打了。

从那以后，张军就成了当地的“名人”，谁都知道他偷过东西，进过派出所。老师、同学、村里人都用异样的眼光看他。特别是谁丢了东西之后，他们的眼光就像锥子一样向他刺过来，而张军却连他们丢了什么东西都不知道。

他忍受不了别人看他的那种目光以及无端的猜疑，他感到自己已经是贼了，再怎样改也没有用了。

这时张军家里发生了一件事，因为孩子多，他家被计划生育部门罚了款，村支书带人上门收缴的罚款。张军知道村支书在县城开了布店，就连夜去偷了一三轮车的布，挖了个坑，埋到了地里。这事被他父亲知道了，父亲又把他吊了起来，一顿猛打，最后干脆把张军锁在家里不让他出去。张军却挣脱了绳子，成功出逃。他跑到了外县，待了半个多月，靠偷东西维持生活。后来父亲找到他，又是一顿结结实实的教训。父亲的暴力并没有征服张军，他又找机会逃跑了，这次时间更长。一天晚上，张军和另一人合伙，钻到了一家电器大卖场，一口气偷出二十台手机。

[摘自维权东安的博客（有修改）]

**思考题**

1. 张军跌入犯罪泥潭的原因是什么？
2. 假如你是张军的同学，你怎么帮助他？

**推荐书目：**

《心灵鸡汤》（作者：杰克·坎菲尔德、马克·维克多·汉森）

# 结束语

自我预防是未成年人不良行为防治的基础和落脚点。其他防治方式也需要通过未成年人自我观念、思维和行为的转变来实现防治目标。未成年人积极地进行自我预防，是遏制不良行为发生和减少、消除不良行为的重要举措。

本书完整地呈现了未成年人不良行为自我预防的知识和技能，是一本引导未成年人积极进行行为反思，以及积极进行不良行为自我预防的指导书。未成年人通过对本书内容的学习，应当学会通过自我准备、自我认知、自我调节、自我巩固，防范和纠正不良行为。自我准备就是认知和信念等方面的预先准备，是自我预防的基础和前提；自我认知就是对自身不良行为类型、阶段、程度等方面的科学认识和判断，是自我预防的关键，没有正确的认知就没有有效的预防；自我调节就是运用调节机能改变原有的不良行为模式，建立新的行为模式的过程，是自我预防的主要内容，承担了自我预防的主体工作；自我巩固就是通过行为强化方法巩固不良行为防治的结果，防止不良行为反复，是自我预防的保障措施，是对防治结果的巩固和促进。自我准备、自我认知、自我调节和自我巩固是未成年人不良行为自我预防过程的四个阶段，是前后衔接的动态过程。

需要强调的是，未成年人对不良行为的自我预防必须遵循行为矫正的规律和心理发展的机制。

一要发挥主体作用。未成年人的行为掌握在自己手中，只要自己下定决心改变就可以改变。也就是说，未成年人只要有改变现状的自主性，同时具备自我调节的能力，再严重的不良行为都能够在积极的主观抵制下予以抑制和消除。而对于是否要预防不良行为、如何预防、采取多长周期的自我矫正过程等问题，从根本上也取决于未成年人自己的决定。自己下决定和实施计划的过程，往往也是未成年人改变自己的行为方式和行为习惯的过程。因此，未成年人要自主发挥不良行为自我预防的主体作用，充分认识不良行为的危害，积极主动地面对问题，努力控制自己的行为，使不良行为逐步减少直到完全消失。

二要掌握技能。未成年人不良行为形成于不良的行为方式，而不是内在的人格属性，通过应用行为矫正原理，能够形成自动化的正常行为方式。这种自动化行为方式的形成过程就是一个不断完成特定行为目标的过程，也是一个令正常行为方式不断强化和不良行为方式不断消退的过程。这里面涉及大量的行为操作技能和自我反思方法，需要未成年人将其作为一项技能予以学习、实践并内化到行动中。未成年人只有通过不断学习，增强和提高自身综合素质，改变和消除其生活环境中存在的易导致自身产生不良行为的因素，才能控制行为的结果。

三要持之以恒。未成年人不良行为的自我预防完全建立在自我反思和自我改变的基础上，过程中很容易出现波动和反复。未成年人必须充分认识到自我预防成果的相对脆弱和预防过程的长期性，应当持之以恒，在自我预防的过程中充分考虑巩固和提高预防成果，以减少甚至避免不良行为的反复。